Maravillas

Lectura / Artes del lenguaje

Autores

Jana Echevarria   Gilberto D. Soto

Teresa Mlawer   Josefina V. Tinajero

Mc Graw Hill Education

Cover and Title pages: Nathan Love

www.mheonline.com/lecturamaravillas

Send all inquiries to:
McGraw-Hill Education
Two Penn Plaza
New York, New York 10121

ISBN: 978-0-02-139535-4
MHID: 0-02-139535-7

Printed in the United States of America.

2 3 4 5 6 7 QVS 21 20 19 18 17

B

Descubre las
Maravillas
de la
lectura

Con tu *Taller de lectura y escritura* podrás:

- Leer y volver a leer atentamente literatura y textos informativos

- Charlar con tus compañeros sobre lo que leas

- Convertirte en un mejor escritor e investigador

- Buscar evidencia en el texto a medida que respondas textos complejos

Prepárate para:

- Desarrollar tu capacidad de aprender

- Convertirte en un pensador crítico

- Ser parte de una comunidad de aprendizaje

LEE Y RELEE

Literatura interesante

¡En cada libro te espera una aventura! Encontrarás fantásticas fábulas, divertidos cuentos populares y maravillosos mitos. Cuentos, poemas y dramas te estimularán la imaginación.

Textos informativos

Desarrolla el conocimiento a medida que lees acerca de las maravillas de la naturaleza, los secretos de los planetas y sucesos de la historia. ¡Aquí puedes explorar todo eso y mucho más!

NASA Johnson Space Center (NASA-JSC)

ACTC
Ayuda para Comprender Textos Complejos

Los diferentes tipos de textos pueden ser un reto. Primero debes entender por qué el texto es difícil para ti. Una vez que determines cuál es el problema, puedes intentar resolverlo. Mira los consejos de abajo. Te pueden ayudar a ir en la dirección correcta.

VOCABULARIO

Si encuentras una palabra que no conoces, busca claves de contexto. Algunos textos contienen palabras especiales que hay que conocer, como palabras científicas. Podrías necesitar buscarlas en el diccionario.

HACER CONEXIONES

A veces tienes que hacer inferencias acerca del texto. Por ejemplo, no siempre se indican los motivos por los que un personaje hace algo. En la no ficción, puedes conectar información para hallar la idea fundamental.

ILUSTRACIONES Y CARACTERÍSTICAS DEL TEXTO

¿Hay ilustraciones que te dan claves acerca de la trama o de cómo se sienten los personajes? En la no ficción, ¿hay mapas o diagramas que te ayudan a entender la información en el texto?

ESTRUCTURA DEL TEXTO

¿Cómo está organizado el texto? ¿El autor compara y contrasta información? ¿Hay un problema y una solución? ¿Hay una secuencia de sucesos?

COLABORA

¿Cómo un diagrama o una gráfica te pueden ayudar a entender la información en textos de no ficción?

Busca evidencias en el texto

Cuando respondes a una pregunta acerca de lo que lees, por lo general tienes que buscar evidencia en el texto para apoyar o incluso hallar la respuesta. Estos son algunos consejos que te ayudarán a encontrar lo que buscas.

Rosa y Eddie se sentaron bien cerca de la radio y escucharon atentamente la voz ronca del locutor. "¡La tormenta de 1947 es la tormenta de nieve más importante de la historia de Nueva York!"

Explícita
Aquí puedo hallar información que dice que este cuento es de ficción histórica, ocurre en el pasado.

—¡Ay, mamá! —susurró Rosa—. ¿Podrá volver papá del trabajo?

La mamá le dio un fuerte abrazo y le dijo:—Seguramente todavía no puede salir del trabajo para volver a casa.

Implícita
Esta evidencia en el texto permite entender que Rosa está muy preocupada sobre su papá.

Evidencias en el texto

¡Busquemos respuestas! A veces encuentras las respuestas "aquí mismo" en el texto. A veces debes buscar detalles o claves en diferentes partes del texto y debes responder con tus propias palabras.

Está explícita ¡aquí!

Algunas preguntas te piden ubicar los detalles. A veces las preguntas se pueden hallar en una oración. Por ejemplo, *¿Cuándo ocurren los sucesos en este cuento?*

Para responder otras preguntas, debes combinar claves de más de un lugar. Una pregunta como *¿Cómo le afecta la tormenta a la familia Hernández?* significa que tienes que buscar al comienzo, en el medio y al final del párrafo o selección para encontrar la respuesta.

No está explícita – Esta es mi evidencia

Las respuestas a algunas preguntas no están explícitas. Para responder una pregunta como *¿Por qué Rosa pregunta por su papá?* debes buscar detalles o claves en el texto. Luego puedes usar las claves para responder la pregunta con tus propias palabras.

¿Cómo hallas la evidencia en el texto? Para saber el tema, piensa en lo que los personajes hacen y dicen. En un texto de no ficción, busca palabras o frases clave.

....

¿Cuál es el problema de Rosa? Halla evidencia en el texto.

Sé un escritor experto

Recuerda que la buena escritura presenta ideas claras, está bien organizada y contiene evidencia y detalles del texto, de fuentes confiables. Mira cómo respondió Gina a la pregunta acerca de un texto que leyó.

Modelo de Gina

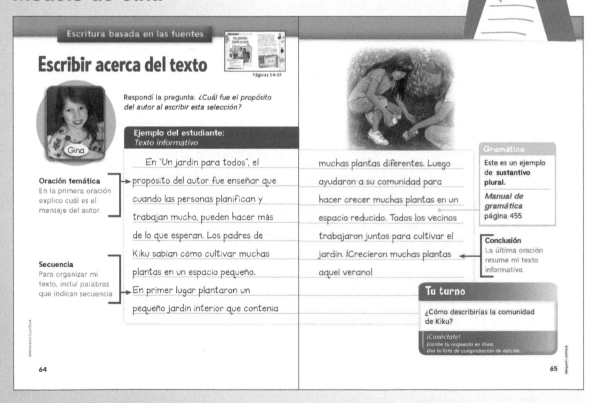

Escritura basada en las fuentes

Escribir acerca del texto

Páginas 54-59

Gina

Respondí la pregunta: *¿Cuál fue el propósito del autor al escribir esta selección?*

Ejemplo del estudiante:
Texto informativo

En "Un jardín para todos", el propósito del autor fue enseñar que cuando las personas planifican y trabajan mucho, pueden hacer más de lo que esperan. Los padres de Kiku sabían cómo cultivar muchas plantas en un espacio pequeño. En primer lugar plantaron un pequeño jardín interior que contenía

Oración temática
En la primera oración expliqué cuál es el mensaje del autor.

Secuencia
Para organizar mi texto, incluí palabras que indican secuencia

muchas plantas diferentes. Luego ayudaron a su comunidad para hacer crecer muchas plantas en un espacio reducido. Todos los vecinos trabajaron juntos para cultivar el jardín. ¡Crecieron muchas plantas aquel verano!

Gramática
Este es un ejemplo de **sustantivo plural.**

Manual de gramática página 455

Conclusión
La última oración resume mi texto informativo.

Tu turno

¿Cómo describirías la comunidad de Kiku?

¡Conéctate!
Escribe tu respuesta en línea.
Usa tu lista de comprobación de edición.

64

65

Escribe acerca del texto

Cuando escribes acerca de algo que has leído atentamente, debes presentar tu tema con claridad. Cita evidencias del texto que apoyen tus opiniones. Cuando haces investigaciones, asegúrate de usar fuentes variadas y confiables. Luego da una lista de las fuentes que usaste. Guíate por la lista de comprobación de abajo.

Textos de opinión ¿Apoyé mi opinión con datos y detalles?

Textos informativos ¿Agrupé claramente la información en párrafos? ¿Incluí una oración de conclusión que conectara toda la información?

Textos narrativos Cuando escribes una narración, usas tu imaginación para desarrollar sucesos reales o ficticios. La lista de comprobación de abajo te ayudará a crear historias interesantes.

- **Secuencia** ¿Ordené los sucesos para que se presentaran de manera natural? ¿Incluí palabras y frases clave?

- **Diálogo** ¿Incluí diálogos y descripciones para desarrollar los personajes, experiencias y sucesos? ¿Mostré cómo actúan los personajes en diferentes situaciones?

COLABORA

¿Sobre qué te gusta escribir más? Compártelo con un compañero.

Unidad 1

Aprender para crecer

La gran idea

CIENCIAS SOCIALES

(t) Victoria Assanelli; (c) David Díaz; (b) Paola De Gaudio

Unidad 2

Resuélvelo

La gran idea

¿Qué esfuerzos necesitas hacer
para resolver problemas?.................... 96

(t) Steven Mach; (c) Betty Herrero; (b) Matías Lapegüe

URNA

(t) © Richard Hutchings/Corbis; (b) María Lavezzi

Unidad 3

Único en su especie

La gran idea

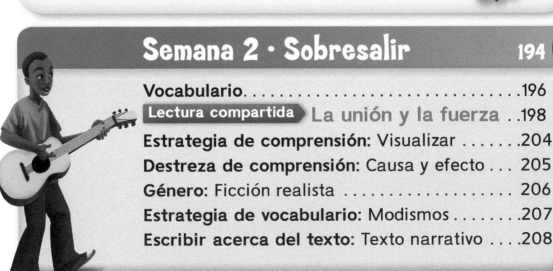

(t) Manuel Purdia; (c) Jago Silver; (b) Sabrina Dieghi

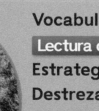

Unidad 4

Vencer obstáculos

La gran idea

¿Cómo logramos nuestras metas venciendo los obstáculos? 256

(t) Celeste Berlier; (b) Virginia Piñón

¡Conéctate! www.connected.mcgraw-hill.com

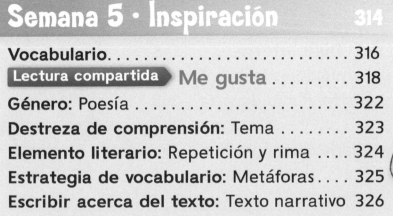

(t) Photographs By Les Piccolo/Getty Images; (c) Everett Collection/SuperStock; (b) Noemí Villamuza

Unidad 5

¡Manos a la obra!

La gran idea

(t) Daniela López Casenave; (c) Luis Fernández (b) David Pintor

Unidad 6

Pensar una y otra vez

La gran idea

¿Cómo decidimos lo que es importante? . . . 400

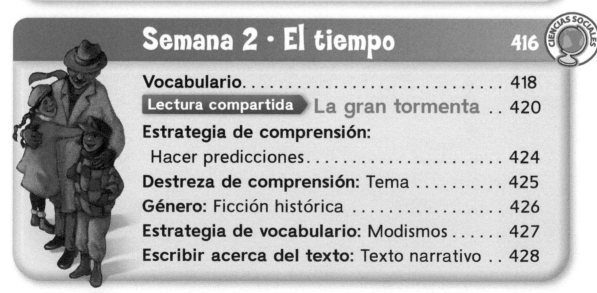
¡Conéctate! www.connected.mcgraw-hill.com

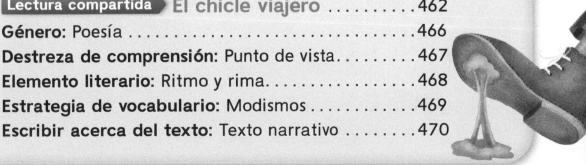

(t) NASA/JPL; (c) Don Farrall/Photographer's Choice RF/Getty Images; (b) Patricia Fitti

Aprender para crecer

La gran idea

¿Cómo nos ayuda el aprendizaje a crecer?

Marinero, marinerito

El nuevo marinero tenía prisa,
el mundo entero quería visitar,
navega que navega sin parar,
olvidó cambiarse la camisa.

Tras un mes en alta mar,
(¡el nuevo marinero olía ya bastante mal!),
y en su afán por llegar,
no sabía aún, ni un remo manejar.

"Marinero, marinerito" le dijo el capitán,
"navega sin premura, no hay prisa,
ponte otra camisa
y aprende primero a remar".

Mara Mahía

Pregunta esencial

¿Qué te enseñan los cuentos?

¡Conéctate!

Leer
para aprender

Hola, yo soy Carla y me encanta leer. Me gusta leer cuentos por muchas razones.

▶ Los cuentos me hacen reír.

▶ Con ellos aprendo a hacer cosas nuevas.

▶ Ellos me inspiran a aprender de otras personas.

Coméntalo

Escribe palabras que hayas aprendido en los cuentos de esta semana y habla con tu compañero o compañera sobre otras cosas que hayas aprendido de estos cuentos.

Los cuentos

1

19

Vocabulario

Mira las fotos y lee las oraciones para comentar cada palabra con un compañero o una compañera.

agujero

La red de pescar tiene varios **agujeros**.

¿Qué otras palabras significan lo mismo que agujero?

arrancar

Los niños **arrancan** la maleza del jardín.

¿Por qué crees que es necesario arrancar la maleza de un jardín?

descubrir

Juan y Estela **descubrieron** algo interesante en la playa.

Comenta sobre algo interesante que hayas descubierto.

empujar

El obrero **empuja** la carretilla, en la que lleva material de construcción.

¿Cuál es el opuesto de empujar?

inspirar

Mi abuela me **inspiró** a aprender a tejer.

¿Quién te ha inspirado a hacer algo nuevo?

oscuridad

La niña lee en la **oscuridad**.

¿Cuál es el opuesto de oscuridad?

recetar

La doctora está **recetando** un remedio.

¿Alguna vez te han recetado algo?

ruido

El **ruido** del tráfico es muy fuerte en algunas ciudades.

¿Qué otros ruidos te parecen molestos?

COLABORA

Tu turno

Elige tres palabras y escribe tres preguntas para tu compañero o compañera.

¡Conéctate! Usa el glosario digital ilustrado.

MATÍAS Y SU HERMANO

Silvia Arana

Pregunta esencial

¿Qué te enseñan los cuentos?

Lee y descubre cómo un conejo aprendió una importante lección de un cuento.

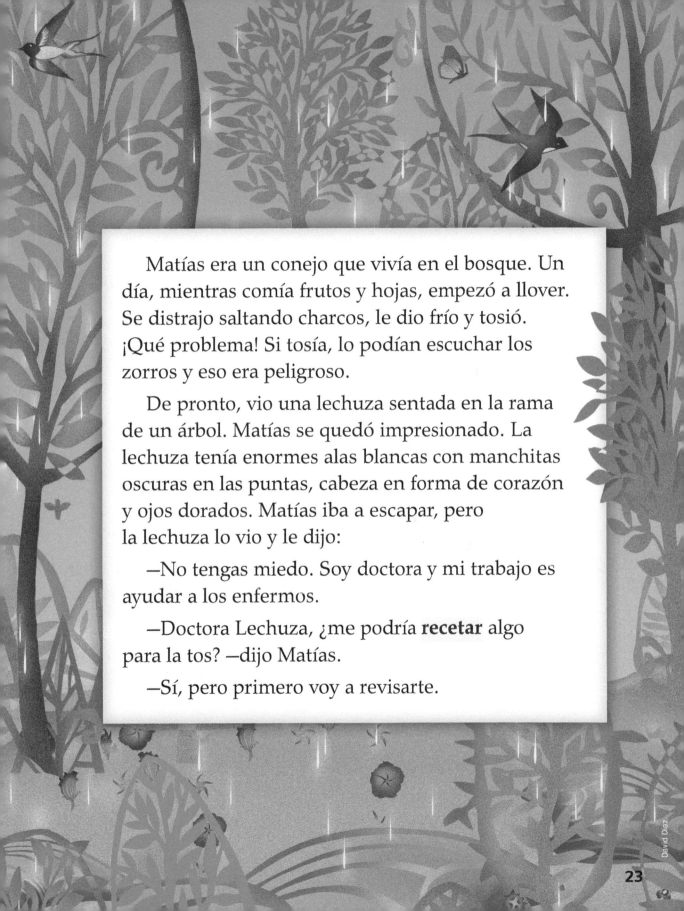

Matías era un conejo que vivía en el bosque. Un día, mientras comía frutos y hojas, empezó a llover. Se distrajo saltando charcos, le dio frío y tosió. ¡Qué problema! Si tosía, lo podían escuchar los zorros y eso era peligroso.

De pronto, vio una lechuza sentada en la rama de un árbol. Matías se quedó impresionado. La lechuza tenía enormes alas blancas con manchitas oscuras en las puntas, cabeza en forma de corazón y ojos dorados. Matías iba a escapar, pero la lechuza lo vio y le dijo:

—No tengas miedo. Soy doctora y mi trabajo es ayudar a los enfermos.

—Doctora Lechuza, ¿me podría **recetar** algo para la tos? —dijo Matías.

—Sí, pero primero voy a revisarte.

Lo revisó y le recetó un té de hojas de eucalipto.
Y después se fue volando.

Matías volvió a su casa. Pensó: "Tengo que buscar un
árbol de eucalipto. Pero, ¿podré hacerlo solo? Siempre
me ha ayudado mi hermano mayor Luis. Pero ahora,
estoy enojado con él porque no me invitó a la fiesta de
su amigo".

Alguien golpeó la puerta. Matías miró por un **agujero**
en la madera y vio que era Luis.

—**Empuja** la puerta y entra —dijo Matías.

—Hola Matías, te traigo un libro. ¿Quieres que lo
leamos juntos? —dijo Luis.

Se sentaron uno al lado del otro y leyeron:

David Díaz

El campesino y sus hijos

Sufría un campesino al ver que sus hijos peleaban. No se ponían de acuerdo en nada.

El campesino pensó que había que darles una lección. Los reunió y les dijo:

—Quisiera cortar este atado de leña para hacer fuego. Pero ya no tengo fuerzas. Ayúdenme, por favor.

Entregó al mayor de los jóvenes el atado de leña. Muy seguro de su fuerza, el muchacho trató de partirlo, pero no pudo hacerlo.

Pasó el atado a otro de sus hermanos, y este a otro, pero ninguno logró partirlo. Entonces el campesino soltó el atado de leña, y les dio las ramas por separado para que las partieran.
Lo hicieron con facilidad. Les dijo:

—¿Se dan cuenta, hijos? Mientras estén separados, será fácil vencerlos. Pero nadie podrá contra ustedes si están unidos.

Fin

Inspirados en el cuento, Luis y Matías se abrazaron con cariño. El cuento les había enseñado que la unión entre hermanos era lo más importante.

Matías le contó a su hermano que la doctora le había recetado un té de hojas de eucalipto para la tos. Pero que él no sabía dónde hallar el árbol ni cómo era.

Luis le respondió:

—No te preocupes, yo iré contigo. Hay eucaliptos en el otro lado del bosque. Son árboles altos, la corteza de los troncos es marrón y se desprende en tiras. Las hojas son alargadas de color verde oscuro y brillante. Tienen un olor especial. Las flores son blancas.

Matías le agradeció mucho su ayuda y salieron apurados.

Fueron hacia el otro lado del bosque. Sin hacer **ruido** corrieron entre los árboles.

Buscaron y buscaron. Finalmente, Matías **descubrió** unos árboles altos. Dijo:

—Hermano, ¡mira estos árboles! La corteza del tronco se desprende en tiras...

—Las flores son blancas. Las hojas son alargadas de color verde oscuro y brillante —agregó Luis.

Arrancaron una hoja y la olieron:

—¡Mm, qué aroma! ¡Es un eucalipto! —gritaron contentos.

Juntaron muchas hojas y regresaron felices.

Ya era de noche y la luna brillaba en la **oscuridad**.

Haz conexiones

¿Qué aprendió Matías del cuento "El campesino y sus hijos"? PREGUNTA ESENCIAL

Comenta sobre cómo se ayudan tú y tus amigos. EL TEXTO Y TÚ

David Díaz

Visualizar

Mientras lees "Matías y su hermano", busca palabras que te ayuden a visualizar, o formar imágenes.

Busca evidencias en el texto

¿Cómo era la lechuza que vio Matías? Lee los detalles que aparecen en la página 23.

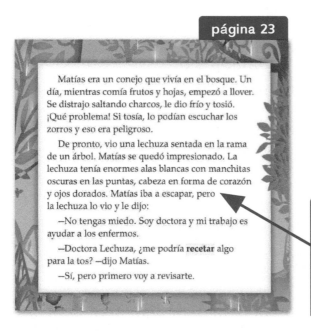

página 23

Matías era un conejo que vivía en el bosque. Un día, mientras comía frutos y hojas, empezó a llover. Se distrajo saltando charcos, le dio frío y tosió. ¡Qué problema! Si tosía, lo podían escuchar los zorros y eso era peligroso.

De pronto, vio una lechuza sentada en la rama de un árbol. Matías se quedó impresionado. La lechuza tenía enormes alas blancas con manchitas oscuras en las puntas, cabeza en forma de corazón y ojos dorados. Matías iba a escapar, pero la lechuza lo vio y le dijo:

—No tengas miedo. Soy doctora y mi trabajo es ayudar a los enfermos.

—Doctora Lechuza, ¿me podría **recetar** algo para la tos? —dijo Matías.

—Sí, pero primero voy a revisarte.

La lechuza tenía enormes alas blancas con manchitas oscuras en las puntas, cabeza en forma de corazón y ojos dorados.

Estos detalles me ayudan a visualizar la lechuza, y a darme cuenta de que es impresionante.

COLABORA

Tu turno

¿Cómo es el árbol que busca Matías? Vuelve a leer el cuento y trata de visualizarlo. Luego, responde la pregunta.

David Diaz

Personaje

Lo que ocurre en un cuento se debe a las acciones y los sentimientos de los personajes. Las características de la personalidad influyen en el comportamiento de un personaje.

 Busca evidencias en el texto

Matías es el personaje principal de este cuento. Volveré a leer la página 24 para saber lo que siente y lo que hace.

Personaje	
Deseos o necesidades	Sentimientos
Matías debe hallar un árbol de eucalipto.	Matías siente que la tarea será difícil.
Acciones	Características

 COLABORA

Tu turno

Vuelve a leer "Matías y su hermano" y piensa en lo que hace Matías. ¿Cuáles son sus acciones? ¿Cuáles son las características de su personalidad? Visualiza y completa la tabla del personaje.

¡Conéctate!
Usa el organizador gráfico interactivo.

Fantasía

El cuento "Matías y su hermano" es una fantasía. Sabemos que es una fantasía porque tiene:

- Personajes, ambientes o sucesos que no existen en la vida real.
- Dibujos para ilustrar el cuento.
- Una enseñanza.

Busca evidencias en el texto

Puedo saber que el cuento "Matías y su hermano" es una fantasía porque los personajes son animales que hablan y leen. El cuento tiene una enseñanza. Las ilustraciones muestran que la historia no es real.

página 24

Lo revisó y le recetó un té de hojas de eucalipto. Y después se fue volando.

Matías volvió a su casa. Pensó: "Tengo que buscar un árbol de eucalipto. Pero, ¿podré hacerlo solo? Siempre me ha ayudado mi hermano mayor Luis. Pero ahora, estoy enojado con él porque no me invitó a la fiesta de su amigo".

Alguien golpeó la puerta. Matías miró por un **agujero** en la madera y vio que era Luis.

—**Empuja** la puerta y entra —dijo Matías.

—Hola Matías, te traigo un libro. ¿Quieres que lo leamos juntos? —dijo Luis.

Se sentaron uno al lado del otro y leyeron:

24

Ilustraciones

Las ilustraciones dan más información sobre el cuento. Muestran a los personajes haciendo algo que no es real.

COLABORA

Tu turno

Busca dos ejemplos que demuestren que "Matías y su hermano" es una fantasía. Coméntalo con tu compañero o compañera.

Sinónimos

Los sinónimos son palabras que tienen el mismo significado. Si no entiendes el significado de una palabra, puedes adivinarlo leyendo la oración de nuevo.

 Busca evidencias en el texto

En la página 27, no entiendo lo que significa la palabra *aroma,* pero si vuelvo a leer la oración puedo entender que significa "olor agradable o perfume".
El significado de *aroma* es similar al de *perfume*.

—¡Mm, qué aroma! ¡Es un eucalipto!

Tu turno

Piensa en sinónimos para estas palabras del cuento "Matías y su hermano":

lección, *página 25*

respondió, *página 26*

Comenta el significado de las palabras con un compañero o una compañera.

David Díaz

Escribir acerca del texto

Páginas 22-27

Alicia

Seguí la instrucción: *Escribe un párrafo descriptivo para añadir a la historia, en el que Matías agradezca a Luis y diga por qué es un buen hermano.*

Personajes

Aquí describo los sentimientos y pensamientos de Matías.

Gramática

Este es un ejemplo de **oración interrogativa**.

Manual de gramática página 475

Ejemplo del estudiante:
Texto narrativo

Corrían muy juntos porque ya estaba oscureciendo. Matías sintió temor. Las sombras de los árboles hacían extraños dibujos en el suelo. "¿Qué hubiera hecho sin Luis?", pensó Matías. Con él me siento muy seguro. Matías miraba atentamente todo lo que los rodeaba. En el bosque había

muchos árboles. Unos, con enormes ramas y muchas hojas. Otros eran muy pequeños, con ramas muy finas. Matías estaba desorientado pero Luis le dio confianza. Ya encontrarían los eucaliptus. Matías agradeció a su hermano por su compañía y su apoyo.

Detalles descriptivos
Incluí detalles para ayudar al lector a visualizar la historia.

Enfoque en un suceso
En la última oración explico por qué Matías se siente agradecido con Luis.

Tu turno

Añade un párrafo al final del cuento para describir cómo imaginas el camino de regreso. Usa palabras descriptivas que ayuden al lector a visualizarlo.

¡Conéctate!
Escribe tu respuesta en línea.
Usa tu lista de comprobación de edición.

David Díaz

Pregunta esencial

¿Qué aprendemos de las culturas a través de las tradiciones?

¡Conéctate!

COMPARTIR TRADICIONES

Mi familia y yo vivimos en Alaska. Hoy mi abuelo nos enseña a tocar un tambor tradicional de nuestro pueblo.

▶ Las tradiciones se transmiten de generación en generación.

▶ Las tradiciones me ayudan a entender mi cultura y mis costumbres.

▶ Las tradiciones familiares me dan orgullo.

Coméntalo

¿Qué tradiciones has aprendido en familia? Habla en pareja sobre cómo las familias comparten las tradiciones.

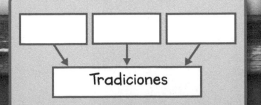

Tradiciones

Vocabulario

Mira las fotos y lee las oraciones para comentar cada palabra con un compañero o una compañera.

ahuyentar

Mi abuela **ahuyenta** las moscas para que no molesten.

¿Cómo ahuyentas las moscas en tu casa?

guanaco

Los **guanacos** viven en los Andes.

¿Qué sabes acerca de los guanacos?

hogar

En mi **hogar** estoy muy a gusto.

¿Qué cosas agradables puedes hacer en tu hogar?

morada

La **morada** de los conejos es la madriguera.

¿Qué otros tipos de moradas de animales conoces?

orgullo

Siento **orgullo** por los vegetales que cultivo en mi huerta.

¿Qué cosas te hacen sentir orgullo?

sendero

El caballo avanza lentamente por el **sendero** del valle.

¿En qué lugares puedes hallar senderos?

tradición

En mi familia, tenemos la **tradición** de cenar juntos los domingos.

¿Qué tradiciones hay en tu pueblo?

vigilar

El águila **vigila** la montaña desde las alturas.

¿Cómo vigilan su entorno los animales?

COLABORA

Tu turno

Elige tres palabras y escribe tres preguntas para tu compañero o compañera.

¡Conéctate! *Usa el glosario digital ilustrado.*

Un **hogar** en el *valle*

Sebastián Olaso

¿? Pregunta esencial

¿Qué aprendemos de las culturas a través de las tradiciones?

Lee acerca del intercambio que existe entre los animales y los campesinos.

—No teman —dijo mamá **guanaco**—. Los pumas ya están lejos.

Los tres pequeños guanacos se tranquilizaron un poco, pero decidieron seguir a sus padres de cerca. El sendero que los llevaría hacia el valle era angosto y largo, tan largo, que su vieja **morada** ya no estaba a la vista.

Papá guanaco estaba callado y **vigilaba** todo el paisaje con mirada atenta. En la última semana, había **ahuyentado** a cinco pumas furiosos. Había llegado el momento de buscar un nuevo lugar más seguro donde vivir.

—Déjame descansar un poco, papá —dijo la pequeña.

—Ven, hijita —dijo mamá guanaco —. Acércate y cantemos juntas.

—¡Nosotros también cantaremos! —exclamaron los dos hijos mayores.

—¿Tú cantarás con nosotros, papá? —preguntó la pequeña.

Pero papá guanaco estaba atento a todo. Al aire de los Andes, a los sonidos, a la luz, a los movimientos.

—Canten ustedes —dijo papá guanaco mientras miraba hacia un río de montaña donde creía haber visto una sombra.

Después de dos largos días de viaje, la familia de guanacos llegó al valle. Entre dos cerros bajos, una casa humilde y colorida embellecía el lugar. Los pequeños guanacos se quedaron maravillados con esa zona extraña y mágica.

—¡Cuántos árboles frondosos! —dijo uno de los hijos admirado por las copas tupidas de los canelos.

—¡Qué viento fresco y suave! —dijo la hija pequeña.

De pronto, algo puso en alerta a papá guanaco. Un sonido inesperado. Una sombra esquiva, que aparecía y desaparecía pero no terminaba de mostrarse. Sin embargo, enseguida suspiró aliviado. Un matrimonio de campesinos avanzaba lentamente por el **sendero**.

Los campesinos se acercaron a la familia de guanacos y los saludaron amablemente.

—¿Están disfrutando de un paseo por el valle? —preguntó la campesina.

—Estamos disfrutando, sí —dijo mamá guanaco—. Pero no estamos de paseo. Estamos buscando un nuevo **hogar**.

—¡Pero los guanacos viven en tierras altas! —exclamó el campesino.

—Así es —dijo papá guanaco—. Pero desde hace unos días los pumas están acechando y queremos proteger a nuestros niños guanacos.

—¡Los pumas ya no son tan gentiles como antes! —exclamó la campesina—. En otros tiempos, eran respetuosos, divertidos y colaboradores.

Los campesinos miraron con ternura a los pequeños guanacos.

—¿Tienen hambre? —les preguntó la campesina.

—¡Sí! —exclamaron los tres pequeños con entusiasmo.

—Vengan conmigo. Les prepararé algo para comer.

Mientras los pequeños comían, los campesinos y los guanacos adultos se hicieron amigos. Como en el valle no hay pumas, papá guanaco estaba aliviado. Mamá guanaco miró a su familia con **orgullo**. Los pequeños habían soportado con entereza el hambre, el frío, el miedo y el cansancio. Ahora estaban todos a salvo.

—Aquí es difícil ganarse la vida —dijo el campesino—. Pero pueden quedarse a vivir con nosotros y saldremos todos adelante.

Los campesinos y los papás guanacos armaron un plan. La familia guanaco viviría en el valle junto a los campesinos. Los campesinos los cuidarían y, de acuerdo con su **tradición**, seguirían trabajando en la producción y comercio de lana.

—¡Aquí en el valle hace poco frío! —exclamó mamá guanaco—. Pueden vender nuestra lana en el mercado. De ese modo, nosotros colaboraríamos con ustedes.

Paola De Gaudio

42

Ahora, los campesinos van al mercado cada semana para vender la lana de los guanacos. De ahí regresan con trigo y provisiones para todos.

En el mercado los tejedores, los artesanos y los turistas están muy contentos. Todos saben que la lana de los guanacos es de las más finas y buscadas del mundo.

Ahora, en el valle, todos son felices.

¿? Haz conexiones

¿Qué aprendieron los guanacos de las tradiciones de los campesinos? PREGUNTA ESENCIAL

¿Qué tradiciones se conservan en tu familia?
EL TEXTO Y TÚ

Visualizar

Usa detalles en el cuento que te ayuden a visualizar los personajes y el ambiente. Mientras lees, usa los detalles para formar imágenes en tu mente.

Busca evidencias en el texto

¿Cómo se siente papá guanaco al principio de "Un hogar en el valle"? Usa los detalles de los primeros párrafos de la página 39.

---

página 39

—No teman —dijo mamá **guanaco**—. Los pumas ya están lejos.

Los tres pequeños guanacos se tranquilizaron un poco, pero decidieron seguir a sus padres de cerca. El sendero que los llevaría hacia el valle era angosto y largo, tan largo, que su vieja **morada** ya no estaba a la vista.

Papá guanaco estaba callado y **vigilaba** todo el paisaje con mirada atenta. En la última semana, había **ahuyentado** a cinco pumas furiosos. Había llegado el momento de buscar un nuevo lugar más seguro donde vivir.

—Déjame descansar un poco, papá —dijo la pequeña.

—Ven, hijita —dijo mamá guanaco—. Acércate y cantemos juntas.

—¡Nosotros también cantaremos! —exclamaron los dos hijos mayores.

—¿Tú cantarás con nosotros, papá? —preguntó la pequeña.

Pero papá guanaco estaba atento a todo. Al aire de los Andes, a los sonidos, a la luz, a los movimientos.

—Canten ustedes —dijo papá guanaco mientras miraba hacia un río de montaña donde creía haber visto una sombra.

Puedo visualizar cómo se siente papá guanaco al principio del cuento. <u>Está callado, vigila el lugar, cuida a su familia.</u> Estos detalles me ayudan a ver que se siente cansado y preocupado.

Tu turno — COLABORA

¿Cómo se siente papá guanaco al final del cuento? ¿Qué palabras describen lo que siente en la página 42?

Secuencia

Las acciones de los personajes en un cuento ocurren en una secuencia determinada. Sus acciones marcan los sucesos importantes y los sucesos están narrados en el orden en que ocurren.

 ## Busca evidencias en el texto

Leo el principio del cuento para saber lo que hacen y dicen los personajes. Después, sigo leyendo para saber qué sucede en el desarrollo.

Personaje
Familia de guanacos

Ambiente
Un valle en los Andes

Principio
Buscan un nuevo hogar.

Desarrollo
Conocen a la pareja de campesinos.

Final

Tu turno

Vuelve a leer las páginas 42 y 43. ¿Qué sucede al final del cuento? Escribe los sucesos en orden en la tabla.

¡Conéctate!
Usa el organizador gráfico interactivo.

Fantasía

El cuento "Un hogar en el valle" es una fantasía.
Sabemos que es una fantasía porque tiene:
- Personajes, ambientes o sucesos que no existen en la vida real.
- Un principio, un desarrollo y un final.
- Ilustraciones y diálogos.

 ## Busca evidencias en el texto

Sé que "Un hogar en el valle" es una fantasía porque los personajes son animales que hablan y tienen sentimientos. Las ilustraciones y los diálogos me ayudan a comprender que es una fantasía.

página 40

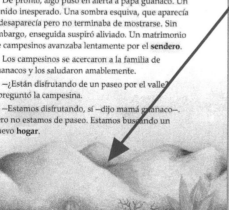

Después de dos largos días de viaje, la familia de guanacos llegó al valle. Entre dos cerros bajos, una casa humilde y colorida embellecía el lugar. Los pequeños guanacos se quedaron maravillados con esa zona extraña y mágica.

—¡Cuántos árboles frondosos! —dijo uno de los hijos admirado por las copas tupidas de los canelos.

—¡Qué viento fresco y suave! —dijo la hija pequeña.

De pronto, algo puso en alerta a papá guanaco. Un sonido inesperado. Una sombra esquiva, que aparecía y desaparecía pero no terminaba de mostrarse. Sin embargo, enseguida suspiró aliviado. Un matrimonio de campesinos avanzaba lentamente por el **sendero**.

Los campesinos se acercaron a la familia de guanacos y los saludaron amablemente.

—¿Están disfrutando de un paseo por el valle? —preguntó la campesina.

—Estamos disfrutando, sí —dijo mamá guanaco—. Pero no estamos de paseo. Estamos buscando un nuevo **hogar**.

Diálogo Los diálogos muestran cómo se comunican los personajes.

Ilustraciones Las ilustraciones dan más información sobre los personajes y el ambiente.

COLABORA

Tu turno

Busca dos ejemplos que muestren que "Un hogar en el valle" es una fantasía. Coméntalo en pareja.

Paola De Gaudio

Claves en las oraciones

Cuando no entiendas una palabra vuelve a leer la oración. Las otras palabras en la oración sirven como clave y te pueden ayudar a entender su significado.

 Busca evidencias en el texto

En la página 40, no entiendo lo que significa la palabra frondosos. *Si sigo leyendo, puedo comprender que un árbol es* frondoso *cuando tiene la copa tupida.*

—¡Cuántos árboles frondosos! —dijo uno de los hijos admirado por las copas tupidas de los canelos.

Tu turno

Usa otras palabras en las oraciones como claves para hallar el significado de las siguientes palabras del cuento.

esquiva, *página 40*

gentiles, *página 41*

Comenta el significado de las palabras con un compañero o compañera.

Escribir acerca del texto

Páginas 38-43

Seguí la instrucción: *Añade un párrafo a la historia. Describe lo que sucede en la casa de los campesinos cuando van a comer.*

Walter

Detalles descriptivos

En estas oraciones incluí detalles descriptivos para ayudar al lector a visualizar el lugar.

Personajes

Describí lo que sienten y piensan los personajes.

Ejemplo del estudiante:
Texto narrativo

La casa de los campesinos era sencilla pero muy agradable y cálida. En las paredes había coloridos tapices y en el fogón, una olla de barro cocido de la que salía un aroma exquisito. Allí los pequeños guanacos se sintieron bienvenidos y a salvo. "¿Será sabrosa la comida?, ¿nos gustará?", pensaron.

¡A comer, a comer!, oyeron que decía la campesina y ya no dudaron más. Primero comieron unas riquísimas hojas de árboles de quinua. Luego, un delicioso guisado de papas. Finalmente se dedicaron a saborear el postre.

Gramática

Este es un ejemplo de **oración imperativa.**

Manual de gramática página 475

Orden de los sucesos
Relaté en orden lo que sucedió en la casa de los campesinos.

Tu turno

Añade un párrafo al final del cuento en el que narres por qué los campesinos y los guanacos son ahora felices.

¡Conéctate!
Escribe tu respuesta en línea.
Usa tu lista de comprobación de edición.

Paola De Gaudio

Pregunta esencial

¿Cómo contribuyen las personas de diferentes culturas a una comunidad?

¡Conéctate!

Philip Scalia/Alamy

NUESTRA CONTRIBUCIÓN

David comparte su cultura con las personas de su comunidad.

- ▶ Es importante aprender sobre distintas culturas.
- ▶ Las diferentes culturas hacen que una comunidad sea más interesante.
- ▶ La comunidad crece cuando las personas comparten su cultura.

Coméntalo

Escribe palabras relacionadas con la cultura y la comunidad. Comenta qué puedes aprender de otras personas.

Comunidad

Vocabulario

Mira las fotos y lee las oraciones para comentar cada palabra con un compañero o una compañera.

admirar

Mi familia **admira** las buenas calificaciones de mis exámenes.

¿Qué admiras de tus amigos?

asustar

Nuestro perro se escondió porque lo **asustaba** la tormenta.

¿Qué haces cuando te asustas?

biblioteca

Juan toma libros prestados de la **biblioteca** de la escuela.

Además de libros, ¿qué puedes encontrar en una biblioteca?

comunidad

Muchas personas de mi **comunidad** trabajan juntas.

¿Qué te gusta acerca de tu comunidad?

contribuir

Mamá piensa **contribuir** en la colecta donando ropa.

¿Con qué podrías contribuir en una feria de pasteles?

practicar

Kyle ha estado **practicando** y ahora sabe tocar muchas canciones.

¿Qué destreza puedes mejorar si practicas?

pronunciar

Josephine sabe **pronunciar** su nombre en otro idioma.

¿Cómo se pronuncia tu apellido?

tropezar

Juan se **tropezó** y se cayeron los tomates de la canasta.

¿Qué significa tropezar?

Tu turno

COLABORA

Elige tres palabras y escribe tres preguntas para tu compañero o compañera.

¡Conéctate! **Usa el glosario digital ilustrado.**

(t) SW Productions/Design Pics/Alamy; (tc) Intl. St. Clair/Photodisc/Getty Images; (bc) Creatas/PictureQuest; (b) Food and Drink/Jeremy Hoare/Superstock

Un jardín para todos

Nuestra casa nueva en Portland

(flowers) © Japack/amanaimagesRF/Corbis; (bkgd) Wetzel and Company; (c) Meryl Treatner

¿? Pregunta esencial

¿Cómo contribuyen las personas de diferentes culturas a una comunidad?

Lee sobre cómo una familia ayuda a su comunidad a cultivar un jardín para todos.

Primavera en la ciudad

Me llamo Kiku Sato. La primavera pasada me mudé con mi familia del campo a la ciudad.

La casa nueva en Portland no tenía jardín. Tampoco tenía una porción de tierra, entonces, decidimos hacer un jardín interior. Primero, mamá y papá plantaron semillas en macetas. Luego, las colgaron con portamacetas y, después, pusieron plantas en los estantes. Las enredaderas **tropezaban** con los libros de la **biblioteca**; nuestra casa tenía muchas plantas.

Al principio, me **asustaba** la idea de ir a la escuela y de no encontrar amigos. Pero un día conocí a una compañera: Jill Hernández. Ella y yo **practicábamos** lectura en voz alta. Ella me ayudó a decir su apellido y yo la ayudé a **pronunciar** el mío. Nos hicimos grandes amigas. Pasábamos mucho tiempo juntas.

Mapa de Oregón

Una idea para el jardín

Una tarde, Jill vino a casa con su mamá. Observaron nuestras plantas en macetas.

—Jill **admira** su jardín interior. ¡Y a mí me ha dejado boquiabierta! —exclamó la mamá de Jill.

Mi mamá sirvió el té. Primero puso té verde en el tazón. Luego agregó agua caliente y lo revolvió. Le alcanzó el tazón a la mamá de Jill haciendo una reverencia.

Los tazones especiales de mamá

Mi abuela en Japón

—Mi madre me enseñó a preparar el té —contó mi mamá—. También me enseñó a cultivar un jardín japonés tradicional. Aprendí a aprovechar al máximo los espacios reducidos.

De pronto, la mamá de Jill sonrió.

—¿Puede ayudarnos con un proyecto? —le preguntó a mamá—. Las personas de la comunidad quieren cultivar un jardín. Nuestro terreno es muy pequeño. Y tenemos ganas de plantar muchas cosas.

Mamá miró a papá y ambos dijeron que sí con una reverencia.

nace un jardín

Primero tuvimos una reunión con la **comunidad**. Todos estaban dispuestos a **contribuir**. Algunos llevaron semillas, herramientas y tierra. Al día siguiente, comenzamos a trabajar en el jardín.

Papá construyó unas cajas, que luego llenamos con tierra. Pusimos la caja más alta cerca de la pared, y la más baja al frente.

—Así todas las plantas recibirán la luz del sol, sin hacer sombra a las demás —explicó mamá.

Papá construyendo cajas

Jill y yo plantando semillas

Luego, hicimos un sendero con piedras planas. En Japón, las piedras son una parte importante del jardín. Por último, plantamos las semillas.

Jill y yo trabajamos en el jardín durante todo el verano. Nuestra comunidad cultivó muchas clases de vegetales. Luego, al mediodía, hicimos una comida al aire libre. Mamá llevó una olla grande de miso y un estofado de verduras de nuestro jardín. Todos agradecieron a mis padres. Habían llevado un pedacito de Japón a Portland. Y yo me sentía muy orgullosa.

¡Todo lo que cosechamos!

¿? Haz conexiones

¿Qué hizo la familia de Kiku para ayudar a su nueva comunidad? ¿Qué aspectos de su cultura compartieron? **PREGUNTA ESENCIAL**

¿De qué manera pueden tú y tu familia contribuir con la comunidad? **EL TEXTO Y TÚ**

Hacer y responder preguntas

Mientras lees piensa en una pregunta. Luego, busca detalles que apoyen tu respuesta.

Busca evidencias en el texto

Mira la sección "Primavera en la ciudad", en la página 55. Piensa en una pregunta. Luego, lee para responderla.

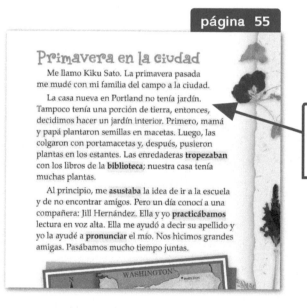

página 55

Primavera en la ciudad

Me llamo Kiku Sato. La primavera pasada me mudé con mi familia del campo a la ciudad.

La casa nueva en Portland no tenía jardín. Tampoco tenía una porción de tierra, entonces, decidimos hacer un jardín interior. Primero, mamá y papá plantaron semillas en macetas. Luego, las colgaron con portamacetas y, después, pusieron plantas en los estantes. Las enredaderas **tropezaban** con los libros de la **biblioteca**; nuestra casa tenía muchas plantas.

Al principio, me **asustaba** la idea de ir a la escuela y de no encontrar amigos. Pero un día conocí a una compañera: Jill Hernández. Ella y yo **practicábamos** lectura en voz alta. Ella me ayudó a decir su apellido y yo la ayudé a **pronunciar** el mío. Nos hicimos grandes amigas. Pasábamos mucho tiempo juntas.

WASHINGTON

Tengo una pregunta. ¿Por qué hay tantas plantas en la casa de Kiku? <u>Leo que no tenían jardín. Los padres plantaron semillas.</u> Puedo responder mi pregunta. A la familia le gustaban las plantas y no tenía espacio para hacerlo al aire libre.

COLABORA

Tu turno

Vuelve a leer "Una idea para el jardín". Piensa en una pregunta, por ejemplo: ¿Por qué la mamá de Jill le pidió ayuda a la mamá de Kiku? Vuelve a leer para hallar las respuestas.

Secuencia

Una secuencia es el orden en que ocurren los sucesos. Busca palabras como *primero, luego, a continuación y por último.* Las palabras que indican secuencia señalan el orden de los sucesos.

Busca evidencias en el texto

En esta autobiografía, los sucesos se cuentan en una secuencia. Veo la palabra primero *en "Primavera en la ciudad", en la página 55. Leeré para ver cómo continúa. Buscaré, como ayuda, las palabras que indican secuencia.*

Suceso
Primero, mamá y papá plantaron semillas en macetas.

↓

Suceso
Luego, las colgaron con portamacetas.

↓

Suceso

COLABORA

Tu turno

Vuelve a leer "Primavera en la ciudad". ¿Qué sucede después? Escribe en tu organizador gráfico los sucesos, en orden.

¡Conéctate!
Usa el organizador gráfico interactivo.

Narrativa de no ficción

"Un jardín para todos" es una autobiografía.
La **autobiografía**:

- Es un tipo de narración de no ficción.
- Cuenta, en orden, la vida de una persona real.
- Está escrita por esa misma persona, que usa palabras como *yo*, *mi* y *me*.

 Busca evidencias en el texto

*Sé que "Un jardín para todos" es una autobiografía.
Kiku cuenta su vida real. Usa palabras como* yo *y* mi.

página 55

Primavera en la ciudad

Me llamo Kiku Sato. La primavera pasada me mudé con mi familia del campo a la ciudad.

La casa nueva en Portland no tenía jardín. Tampoco tenía una porción de tierra, entonces, decidimos hacer un jardín interior. Primero, mamá y papá plantaron semillas en macetas. Luego, las colgaron con portamacetas y, después, pusieron plantas en los estantes. Las enredaderas **tropezaban** con los libros de la **biblioteca**; nuestra casa tenía muchas plantas.

Al principio, me **asustaba** la idea de ir a la escuela y de no encontrar amigos. Pero un día conocí a una compañera: Jill Hernández. Ella y yo **practicábamos** lectura en voz alta. Ella me ayudó a decir su apellido y yo la ayudé a **pronunciar** el mío. Nos hicimos grandes amigas. Pasábamos mucho tiempo juntas.

WASHINGTON

OREGÓN

REFERENCIAS

Mapa de Oregón

55

Características del texto

Títulos Los títulos indican el tema principalde la sección.

Mapa Un mapa es un dibujo plano de un lugar real.

 COLABORA

Tu turno

Busca pistas en "Un jardín para todos" que indiquen que es una autobiografía. Comenta con tu compañero o compañera lo que aprendiste sobre Kiku y su cultura.

Palabras compuestas

Una palabra compuesta está formada por dos palabras más pequeñas. Piensa en sus significados para descubrir el significado de la palabra compuesta.

Busca evidencias en el texto

Veo la palabra mediodía *en la página 59. Está formada por dos palabras más pequeñas,* medio *y* día. *Sé que* medio *es la mitad de algo. Entonces,* mediodía *significa a la mitad del día, o a las 12:00 a. m.*

Hicimos una comida al aire libre, al mediodía.

COLABORA

Tu turno

Descubre el significado de estas palabras compuestas en "Un Jardín para todos".
   portamacetas, *página 55*
   boquiabierta, *página 56*

Escribir acerca del texto

Páginas 54-59

Gina

Respondí la pregunta: *¿Cuál fue el propósito del autor al escribir esta selección?*

Ejemplo del estudiante:
Texto informativo

Oración temática
En la primera oración explico cuál es el mensaje del autor.

> En "Un jardín para todos", el propósito del autor fue enseñar que cuando las personas planifican y trabajan mucho, pueden hacer más de lo que esperan. Los padres de Kiku sabían cómo cultivar muchas plantas en un espacio pequeño.

Secuencia
Para organizar mi texto, incluí palabras que indican secuencia

> En primer lugar plantaron un pequeño jardín interior que contenía

muchas plantas diferentes. Luego

ayudaron a su comunidad para

hacer crecer muchas plantas en un

espacio reducido. Todos los vecinos

trabajaron juntos para cultivar el

jardín. ¡Crecieron muchas plantas

aquel verano!

Gramática

Este es el sujeto de la oración.

Manual de gramática página 475

Conclusión
La última oración resume mi texto informativo.

Tu turno

¿Cómo describirías la comunidad de Kiku?

¡Conéctate!
Escribe tu respuesta en línea.
Usa tu lista de comprobación de edición.

Margaret Lindmark

Concepto semanal Inventos

Pregunta esencial
¿Cómo ser creativo al
resolver un problema?

¡Conéctate!

© Mike Powell/Corbis

66

Inventando cosas nuevas

Casi todos los inventos comienzan con un problema y una idea para resolverlo.

▶ Los inventos mejoran nuestra vida.

▶ Algunos inventos nos enseñan algo.

▶ Otros inventos nos entretienen.

Coméntalo

Conversa con un compañero sobre los inventos. Escribe sobre cómo los inventores encuentran ideas nuevas.

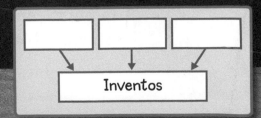

Vocabulario

Mira las fotos y lee las oraciones para comentar cada palabra con un compañero o una compañera.

animar

El maestro nos **animó** a comer meriendas saludables.

Menciona algo que alguien te haya animado a hacer.

calidad

Me siento seguro con un casco de buena **calidad**.

¿Por qué compramos cosas de buena calidad?

diseñar

Juan y Andy están ayudando a **diseñar** un mural para la nueva pared de la escuela.

¿Cómo diseñarías algo nuevo?

examinar

El veterinario quiso **examinar** a mi perro para asegurarse de que estuviera bien de salud.

¿Qué significa la palabra examinar?

invento

Tom busca objetos para su **invento**.

¿Qué ideas tienes para un invento?

simple

Pasear a mi perro es una forma **simple** y fácil de divertirme.

¿Qué palabra significa lo mismo que simple?

solución

Marco encontró una **solución** para mejorar sus calificaciones.

¿Qué significa encontrar una solución?

sustituto

Las frutas son **sustitutos** saludables de los caramelos.

Menciona otros dos sustitutos saludables de los caramelos.

Tu turno

COLABORA

Elige tres palabras y escribe tres preguntas para tu compañero o compañera.

¡Conéctate! Usa el glosario digital ilustrado.

EL GRAN INVENTO DE
Mary Anderson

¿? Pregunta esencial

¿Cómo ser creativo al resolver un problema?

Lee acerca de cómo alguien inventó algo para resolver un problema.

Malene Laugesen

Quizá creas que andar en autobús o en carro fue siempre igual, pero no es así. Los primeros carros no eran tan veloces, pero sí muy ruidosos... ¡y no tenían limpiaparabrisas!

Cuando llovía, los conductores limpiaban el parabrisas con una cebolla. El aceite de la cebolla rechazaba la lluvia y el aguanieve. No era la mejor **solución**, pero no contaban con **sustitutos** mejores. No había otra cosa que funcionara. Y entonces, una mujer llamada Mary Anderson resolvió el problema.

Todo empezó con la nieve

Mary Anderson se crió en Alabama. En el invierno de 1902, visitó la ciudad de Nueva York. Era un día frío y ventoso. El cielo era una cortina gris. La nieve, una sábana blanca que cubría el suelo. Mary se había mojado y tenía frío. Tomó un tranvía porque quería secarse y calentarse un poco.

En ese entonces, los parabrisas de algunos tranvías tenían dos partes y había que empujarlos para abrirlos. Mary observaba que la nieve se acumulaba sobre el parabrisas y el conductor no podía ver bien. Abría el parabrisas para ver mejor. Entonces, la cara se le llenaba de nieve. Enseguida la nariz y las orejas se le convertían en cubitos de hielo.

Otros vehículos se detenían. Los conductores salían del carro para limpiar el parabrisas. Luego seguían conduciendo. Por lo tanto, el tráfico era lento.

Malene Laugesen

El siguiente paso

Mary comenzó a pensar en este problema. ¿Cómo se podría limpiar un parabrisas sin detenerse? ¿Sería posible hacerlo sin tener que abrirlo?

En Alabama, Mary hizo un borrador de su idea. Luego, añadió notas. **Examinó** su solución para asegurarse de que funcionara. A continuación, investigó sobre el tema. Buscó datos sobre las necesidades de los conductores e inventó un limpiaparabrisas que se pudiera usar sin tener que salir del carro. Luego lo **diseñó**. En el papel, el **invento** parecía **simple**. Mary esperaba que a los conductores les resultara fácil de usar.

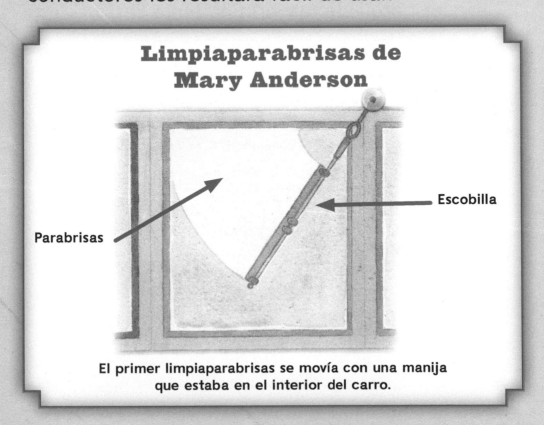

Limpiaparabrisas de Mary Anderson

Parabrisas

Escobilla

El primer limpiaparabrisas se movía con una manija que estaba en el interior del carro.

Mary mandó construir un modelo. Estaba hecho con madera de buena **calidad,** caucho y metal. Cuando estuvo listo lo pusieron a prueba. El conductor debía mover una manija desde el interior del carro. La manija movía una escobilla una y otra vez a lo largo del vidrio. ¡Funcionaba! ¡La idea de Mary era una joya! Este resultado la **animó.** Ahora podría vender su invento.

Resolver el problema

El invento de Mary resolvió un problema, pero la gente empezó a utilizarlo muchos años después porque la mayoría no tenía carro.

En 1913, los carros ya contaban con limpiaparabrisas. Al fin, conducir fue más fácil y seguro, gracias a la idea de Mary Anderson.

Más seguridad al conducir

Los carros antiguos eran distintos de los actuales. Estos son otros inventos que ayudaron al conductor:

- El cinturón de seguridad se usa desde 1885.
- El semáforo se usa desde 1915.
- Los carros usan luces direccionales desde 1938.

¿?Haz conexiones

¿De qué manera un problema condujo a una nueva idea? PREGUNTA ESENCIAL

¿Qué inventos han mejorado tu vida? EL TEXTO Y TÚ

Malene Laugesen

Hacer y responder preguntas

Mientras lees "El gran invento de Mary Anderson" piensa en una pregunta. Luego busca detalles que apoyen tu respuesta.

 Busca evidencias en el texto

Mira la sección "Todo empezó con la nieve". Piensa en una pregunta. Luego lee para responderla.

página 72

Todo empezó con la nieve

Mary Anderson se crió en Alabama. En el invierno de 1902, visitó la ciudad de Nueva York. Era un día frío y ventoso. El cielo era una cortina gris. La nieve, una sábana blanca que cubría el suelo. Mary se había mojado y tenía frío. Tomó un tranvía porque quería secarse y calentarse un poco.

En ese entonces, los parabrisas de algunos tranvías tenían dos partes y había que empujarlos para abrirlos. Mary observaba que la nieve se acumulaba sobre el parabrisas y el conductor no podía ver bien. Abría el parabrisas para ver mejor. Entonces, la cara se le llenaba de nieve. Enseguida la nariz y las orejas se le convertían en cubitos de hielo.

Otros vehículos se detenían. Los conductores salían del carro para limpiar el parabrisas. Luego seguían conduciendo. Por lo tanto, el tráfico era lento.

Tengo una pregunta. ¿Por qué los conductores abrían los parabrisas? _Leí que los parabrisas tenían dos partes. Había que empujar para abrirlos. Los conductores lo hacían para ver el camino._ *Ahora puedo responder mi pregunta. Abrir el parabrisas les permitía ver mejor.*

Tu turno

Piensa en una pregunta sobre el invento de Mary. Por ejemplo: ¿Cómo funcionaba? Vuelve a leer la página 74 para responderla.

Malene Laugesen

76

Causa y efecto

Una causa es la razón por la que sucede algo. Un efecto es la consecuencia. Ambos se desarrollan en secuencias. Las palabras *porque* y *por tanto* indican causas y efectos.

 Busca evidencias en el texto

Mary tomó un tranvía. Ese es el efecto. Ahora buscaré la causa. Estaba mojada y tenía frío. Quería calentarse. La palabra porque, *en la página 72, me ayuda a identificar la causa y el efecto.*

Causa →	Efecto
Primero Mary se había mojado, tenía frío y quería calentarse.	→ Mary tomó un tranvía.
Luego La nieve se acumulaba sobre el parabrisas. →	

Tu turno

Vuelve a leer "El gran invento de Mary Anderson". Halla más causas y efectos. Escribe los sucesos en orden en el organizador gráfico.

¡Conéctate!
Usa el organizador gráfico interactivo.

Biografía

"El gran invento de Mary Anderson" es una biografía.

La **biografía**:

- Cuenta la vida real de una persona escrita por otra persona.
- Sigue una secuencia, o un orden cronológico.
- Puede tener diagramas o notas al margen.

Busca evidencias en el texto

"El gran invento de Mary Anderson" es una biografía. Es una historia sobre la vida de una persona real. Está escrita por otra persona. Los sucesos se cuentan en orden.

página 73

El siguiente paso

Mary comenzó a pensar en este problema. ¿Cómo se podría limpiar un parabrisas sin detenerse? ¿Sería posible hacerlo sin tener que abrirlo?

En Alabama, Mary hizo un borrador de su idea. Luego, añadió notas. **Examinó** su solución para asegurarse de que funcionara. A continuación, investigó sobre el tema. Buscó datos sobre las necesidades de los conductores e inventó un limpiaparabrisas que se pudiera usar sin tener que salir del carro. Luego lo **diseñó**. En el papel, el **invento** parecía **simple**. Mary esperaba que a los conductores les resultara fácil de usar.

Limpiaparabrisas de Mary Anderson

Parabrisas

Escobilla

El primer limpiaparabrisas se movía con una manija que estaba en el interior del carro.

Características del texto

Diagramas Los diagramas son dibujos simples con rótulos.

Notas al margen Tienen más información sobre un tema.

COLABORA

Tu turno

Vuelve a leer "El gran invento de Mary Anderson". Busca características del texto. Comenta lo que aprendiste de cada una de ellas.

Malene Laugesen

Metáforas

La metáfora "El sol es una pelota amarilla" compara dos cosas que son muy distintas, sin usar la palabra *como*. Busca metáforas mientras lees.

Busca evidencias en el texto

En la página 72, veo la oración "El cielo era una cortina gris". Compara al cielo con una cortina gris pero no usa la palabra como. *Significa que el cielo estaba oscuro y nublado. Esta metáfora me ayuda a imaginar ese cielo.*

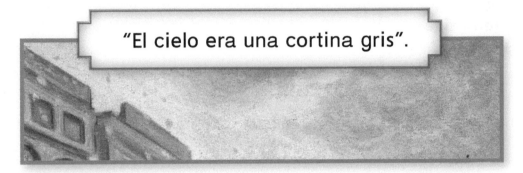

"El cielo era una cortina gris".

Tu turno

Comenta las siguientes metáforas que aparecen en el texto. ¿Qué cosas comparan?
La nieve, una sábana blanca que cubría el suelo.
Página 72
Enseguida la nariz y las orejas se le convertían en cubitos de hielo.
Página 72

Malene Laugesen

Escribir acerca del texto

Páginas 70–75

David

Respondí la pregunta: *¿Qué problema trató de resolver Mary Anderson? Incluye evidencias del texto en tu explicación.*

Ejemplo del estudiante:
Texto informativo

Mary Anderson se dio cuenta de que los conductores no podían ver bien cuando había mal tiempo. Si la lluvia y la nieve golpeaban el parabrisas de un carro, era difícil ver la carretera. Mary decidió resolver este problema. Su idea era crear un limpiaparabrisas que se pudiera controlar desde el interior

Oración temática
En la primera oración cuento cuál fue el problema que vio Mary Anderson.

Detalles de apoyo
Incluí evidencias del texto para contestar la pregunta.

bobbieo/E+/Getty Images

de un carro. Primero, hizo un borrador con sus ideas. Después añadió notas. Luego armó un modelo de su invento. Finalmente, un conductor hizo una prueba del nuevo limpiaparabrisas. ¡Funcionó!

Palabras que indican secuencia
Para conectar las ideas y poner los sucesos en orden, usé palabras que indican secuencia.

Gramática

Luego armó un modelo de su invento es un ejemplo de **predicado.**

Manual de gramática página 476

Tu turno

¿De dónde proceden las ideas para los inventos? Incluye evidencias del texto en tu respuesta.

¡Conéctate!
Escribe tu respuesta en línea.
Usa tu lista de comprobación de edición.

Pregunta esencial

¿Cómo nos ayudan los monumentos a entender la historia de nuestro país?

¡Conéctate!

Ronnie James/Alamy

ENTENDIENDO EL PASADO

Martin Luther King Jr. tuvo un papel importante en la historia de nuestro país. Este monumento rinde homenaje a su vida.

▶ Los monumentos enseñan sobre personas y hechos importantes de la historia.

▶ Los hitos y los monumentos nos ayudan a recordar y a comprender la historia.

Coméntalo

Escribe algunas palabras relacionadas con los monumentos. Comenta en pareja qué nos enseñan sobre el pasado.

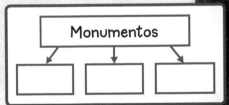

Monumentos

Vocabulario

Mira las fotos y lee las oraciones para comentar cada palabra con un compañero o una compañera.

grandioso

Diana se sentó a observar la **grandiosa** vista del lago.

¿Qué cosas hacen que un paisaje sea grandioso?

hito

La Estatua de la Libertad es un **hito** histórico de Estados Unidos.

¿Qué otros hitos puedes nombrar?

masivo

La televisión es un medio **masivo** de comunicación.

¿Qué palabra significa lo mismo que masivo?

monumento

Este **monumento** rinde homenaje a los líderes de nuestro país.

Describe un monumento que conozcas.

nacional

El Cuatro de Julio es un feriado **nacional**.

Nombra otro feriado nacional.

pista

Estas huellas son **pistas** que indican que un perro pasó hoy por aquí.

¿Qué pistas te indican que es probable que llueva?

rastro

Por la mañana, encontramos **rastros** de nieve sobre las plantas.

¿Qué palabra significa lo mismo que rastros?

tallar

Un río poderoso **talló** este cañón en la roca.

¿Qué otros materiales se pueden tallar?

COLABORA

Tu turno

Elige tres palabras y escribe tres preguntas para tu compañero o compañera.

¡Conéctate! **Usa el glosario digital ilustrado.**

¿? **Pregunta esencial**

¿Cómo nos ayudan los monumentos a entender la historia de nuestro país?

Lee sobre lo que nos enseña un monumento nacional.

Una belleza natural

El Gran Cañón es un **hito** famoso en Estados Unidos, ¡y es inmenso! Tiene una profundidad de más de una milla y un ancho de más de diez millas. El río Colorado lo **talló** en la roca. Atraviesa cuatro estados. ¡Es el Gran Cañón!

Exploración del cañón

El Gran Cañón recibe la visita **masiva** de turistas. Casi cinco millones de personas por año visitan este tesoro **nacional**. Gente de todo el mundo viene para caminar por sus senderos, pasear en barco por el río Colorado y contemplar los **grandiosos** acantilados de color rojo y marrón.

Los amantes de la naturaleza también vienen en busca de animales en peligro de extinción y a observar las plantas. Aquí pueden divisar águilas, pumas, serpientes, arañas y murciélagos. Algunos visitantes vienen a aprender la historia del cañón.

Historia del cañón

En 1540, los exploradores europeos descubrieron el Gran Cañón. Pero los indígenas americanos fueron los primeros en explorar el Gran Cañón. Estos indígenas se asentaron allí mucho antes de 1540.

Un grupo fue el de los antiguos indígenas pueblos. Ellos vivieron en el Cañón por más de mil años. Eran agricultores y cazadores. Los científicos hallaron **rastros**, o partes, de sus antiguos hogares.

Los antiguos indígenas pueblos vivían en casas hechas en las laderas del cañón.

Los científicos también hallaron rocas en el Gran Cañón. Son algunas de las más antiguas del mundo. Estas sirven como **pistas** para saber cómo se formó el cañón. Algunos científicos buscaron pistas sobre la gente que vivió allí y hallaron herramientas y restos de artesanías.

Un parque grandioso

Este mapa muestra la ubicación del Gran Cañón.

UTAH

NEVADA

PARQUE NACIONAL DEL GRAN CAÑÓN

Río Colorado

Lago Mead

Las Vegas

15

Río Colorado

Cuenca Norte

Villa del Gran Cañón

ARIZONA

○ Población
— Carretera
▨ Parque Nacional

Kingman

40

Flagstaff

Un hito histórico

El presidente Theodore Roosevelt visitó el Gran Cañón en 1903. Vio su belleza y dijo que era un lugar especial. Por eso, lo declaró **monumento** nacional. Luego, en 1919, fue declarado parque nacional. Esto significa que la tierra está protegida y que nadie puede construir viviendas allí. Es un lugar del que todos pueden disfrutar.

Proteger el cañón

Es importante que la gente cuide los hitos nacionales. Todos podemos ayudar cumpliendo las reglas cuando los visitamos. Los animales y la vida salvaje están a salvo allí y no debemos tocarlos. Los ríos tienen que mantenerse limpios.Aún queda mucho por aprender sobre este hermoso hito. Debemos protegerlo. Esperamos poder disfrutarlo por muchos años más.

El carnero de las Rocosas vive en el Gran Cañón.

Matt Dil/Flickr/Getty Images

Haz conexiones

¿Qué enseñanza nos deja el Gran Cañón sobre la historia? PREGUNTA ESENCIAL

¿Cuál es el dato más interesante sobre la historia del Gran Cañón? EL TEXTO Y TÚ

Hacer y responder preguntas

Mientras lees piensa en una pregunta. Luego, busca detalles que apoyen tu respuesta.

Busca evidencias en el texto

Vuelve a leer la sección "Exploración del Cañón", en la página 87. Piensa en una pregunta. Luego, responde.

---

página 87

Exploración del cañón

El Gran Cañón recibe la visita **masiva** de turistas. Casi cinco millones de personas por año visitan este tesoro **nacional**. Gente de todo el mundo viene para caminar por sus senderos, pasear en barco por el río Colorado y contemplar los **grandiosos** acantilados de color rojo y marrón.

Los amantes de la naturaleza también vienen en busca de animales en peligro de extinción y a observar las plantas. Aquí pueden divisar águilas, pumas, serpientes, arañas y murciélagos. Algunos visitantes vienen a aprender la historia del cañón.

87

Tengo una pregunta. ¿Por qué la gente visita el Gran Cañón? Leo que a la gente le gusta recorrer los senderos y dar paseos en barco. También van a mirar los animales y los acantilados. Algunos van allí para aprender historia. Ahora, puedo responder mi pregunta. La gente visita el cañón por muchos motivos.

Tu turno

COLABORA

Vuelve a leer "Historia del Cañón". Piensa en una pregunta, por ejemplo: ¿podemos saber algo acerca de la gente que vivía antiguamente en el Gran Cañón? Lee la sección otra vez para hallar la respuesta.

Idea principal y detalles clave

La idea principal es lo más importante de un tema.
Los detalles agregan información a la idea principal.
Identifica los detalles para descubrir la idea principal.

 Busca evidencias en el texto

¿Por qué la gente visita el Gran Cañón? Volveré a leer la página 87 para hallar detalles. Luego, los usaré para descubrir la idea principal.

Idea principal
Detalle
La gente camina por los senderos y pasea en barco por el río.
Detalle
Contemplan los grandiosos acantilados de color rojo y marrón.
Detalle

Tu turno COLABORA

Escribe más detalles en el organizador gráfico sobre por qué la gente visita el Gran Cañón. Luego, usa los detalles para descubrir la idea principal.

¡Conéctate!
Usa el organizador gráfico interactivo.

Texto expositivo

"Una belleza natural" es un texto expositivo.

El **texto expositivo**:

- Brinda datos e información sobre un tema.
- Incluye otras características, como fotografías, pies de fotos, notas al margen y mapas.

Busca evidencias en el texto

Sé que "Una belleza natural" es un texto expositivo porque tiene datos e información sobre el Gran Cañón. También tiene fotografías, pies de fotos y un mapa.

página 88

Historia del cañón

En 1540, los exploradores europeos descubrieron el Gran Cañón. En 1857, los estadounidenses realizaron una expedición científica. Encontraron que grupos de indígenas habían vivido allí. Uno de estos grupos era el Pueblo ancestral.

Los indígenas de Pueblo ancestral vivieron en el Cañón durante casi mil años. Eran agricultores y cazadores. Los científicos hallaron **rastros**, o partes, de sus antiguos hogares.

Los indígenas de Pueblo ancestral vivían en casas en los acantilados.

Los científicos también hallaron rocas en el Gran Cañón. Son algunas de las más antiguas del mundo. Estas sirven como **pistas** para saber cómo se formó el cañón. Algunos científicos buscaron pistas sobre la gente que vivió allí y hallaron herramientas y restos de artesanías.

Un parque grandioso — Este mapa muestra la ubicación del Gran Cañón.

Características del texto

Pies de fotos Los pies de fotos ofrecen información adicional.

Mapas Son ilustraciones planas de lugares reales.

Notas al margen Brindan más información sobre un tema.

Tu turno

Busca otras características del texto en "Una belleza natural". ¿Has aprendido más cosas?

Palabras de significados múltiples

Son palabras que tienen más de un significado. Vuelve a leer la oración para descubrir su significado en el contexto.

Busca evidencias en el texto

En la página 87 veo la palabra tesoro. *Esta palabra puede significar "joya valiosa" . La oración "casi cinco millones de personas por año ven este tesoro nacional" es una pista que me ayuda a deducir que es algo de mucho valor. Ahora sé que aquí "tesoro" significa "algo muy valioso".*

Casi cinco millones de personas por año ven este tesoro nacional.

Tu turno

Busca claves de contexto. Úsalas para hallar el significado de estas palabras.

cañón, *página 87*
salvo, *página 89*

Páginas 86–89

Escribir acerca del texto

Patrick

Respondí la pregunta: *En tu opinión, ¿el autor logra convencer a los lectores de que el Gran Cañón es un hito importante?*

Ejemplo del estudiante:
Texto de opinión

Opinión
En la primera oración digo lo que pienso acerca del texto.

Detalles de apoyo
Basé mi opinión en evidencias del texto.

El autor convence a los lectores de que el Gran Cañón es un hito importante. ¿Qué hechos y detalles incluye? El cañón tiene más de una milla de profundidad. Fue tallado en la roca por el río Colorado. En el cañón viven pumas y águilas. Algunos visitantes vienen a disfrutar de la naturaleza,

pero otras personas vienen a aprender sobre historia. El Gran Cañón fue declarado parque nacional en 1919. ¡Ahora ya sé por qué!

Gramática

Dos **oraciones simples** unidas con la conjunción *pero* forman una **oración compuesta.**

Manual de gramática
página 476

Tipos de oraciones
Incluí oraciones enunciativas, exclamativas e interrogativas para hacer más interesante mi texto.

Tu turno

En tu opinión, ¿cuáles son las cosas más interesantes que se pueden ver en el Gran Cañón? Incluye evidencias del texto en tu respuesta.

¡Conéctate!
Escribe tu respuesta en línea.
Usa tu lista de comprobación de edición.

Resuélvelo

La gran idea
¿Qué esfuerzos necesitas hacer
para resolver problemas?

Ciudad laberinto

He pintado un mapa
sobre la solapa
de mi libreta.

Un mapa pequeño
de una ciudad grande
que no se está quieta.

Las calles se enredan,
la gente se escapa
y los coches ruedan
sobre mi mapa.

Lo pliego y despliego,
lo arrugo y estiro,
lo pinto y despinto,
lo miro y remiro,
y cada vez veo un sitio distinto:
ciudad hormiguero,
ciudad telaraña,
ciudad basurero,
¡ciudad laberinto!

Pedro Mañas

© Del texto: Pedro Mañas; 2009
De la edición: Kalandraka Ediciones Andalucía, 2010.
Illustrated by Steven March

Pregunta esencial

¿Por qué es mejor trabajar en equipo para resolver problemas?

¡Conéctate!

Leland Bobbé/Fuse/Getty Images

TRABAJO EN EQUIPO

Estas amigas se encontraron con un problema. Ahora están trabajando juntas para resolverlo.

▶ El trabajo en equipo es una buena manera de resolver problemas.

▶ La cooperación facilita la tarea.

Coméntalo

Escribe palabras sobre el trabajo en equipo en el organizador gráfico. Comenta con tu pareja sobre cómo ayuda el trabajo en equipo.

Vocabulario

Mira las fotos y lee las oraciones para comentar cada palabra con un compañero o una compañera.

aleta

El pingüino usa las **aletas** para nadar.

Nombra otros animales que tengan aletas.

comprometido

Mi clase está **comprometida** a montar una obra de teatro.

¿En qué proyecto estuviste comprometido últimamente?

cooperación

Limpié el piso más rápido con la **cooperación** de Sandra.

¿Por qué la cooperación hace las tareas más fáciles?

enredar

El viento **enredó** el cabello de mi amiga.

¿Qué otras cosas se pueden enredar?

escama

La piel de la serpiente está recubierta de **escamas**.

¿Conoces otros animales que tengan escamas?

escondite

El gato asomó la cabeza desde su **escondite**.

¿Qué animales buscan escondite en los huecos de los troncos?

rapidez

Los niños corrían con **rapidez** para ganar la carrera.

¿Es saludable comer con demasiada rapidez?

unir

Tom y su abuelo **unieron** las partes de una caja.

¿Qué palabra significa lo opuesto de unir?

Tu turno

COLABORA

Elige tres palabras y escribe tres preguntas para tu compañero o compañera.

¡Conéctate! *Usa el glosario digital ilustrado.*

Un lago feliz

Diego Kochmann

¿? Pregunta esencial

¿Por qué es mejor trabajar en equipo para resolver problemas?

Lee y descubre cómo las familias de un pueblo resolvieron juntas un problema.

Betty Herrero

La vida en el pueblo de pescadores Tanger era muy tranquila. Nada alborotaba la paz de los pobladores. Ellos se levantaban muy temprano, y con sus botes se dirigían al lago a pescar. Era un lago muy grande. No como los lagos del Sur, que eran más pequeños.

Pero un día, un ruido extraño apareció desde lejos. Era un ruido fuerte, que provenía de una lancha que se acercaba con **rapidez**. Juan, un joven pescador, había comprado esa lancha.

"Con esta lancha avanzaré con más velocidad que los propios peces. Pescaré muchos antes de que lleguen a sus **escondites** bajo las piedras", pensaba Juan.

Y aceleró su lancha con máxima potencia.

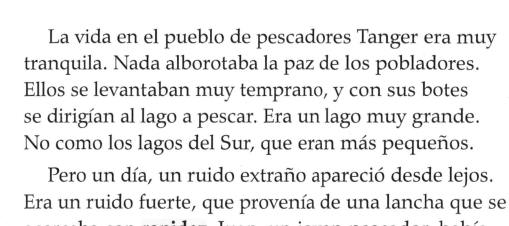

103

Los demás pescadores no se alegraron al ver la lancha, sino que se enojaron mucho. El motor era muy ruidoso, y por eso el lago habría dejado de ser silencioso. Y no solo los pescadores se enfadaron, sino que los peces también se escondieron, huyendo del ruido que causaba el bote.

Así fue como se marcharon todos los peces del lago. De un día para otro.

Con el paso del tiempo, en lugar de resolverse, el problema se complicaba más. El hambre de la gente era cada vez mayor. Ya no tenían ni una **escama**, ni una **aleta** de pez para masticar. Los peces habían encontrado un lugar en donde esconderse y ya no salían más. El escondite era tan pequeño que al nadar se chocaban y **enredaban** unos con otros.

"Esta situación no puede continuar así", pensaban los pescadores, que ya no tenían qué pescar.

Tras observar cada detalle desde las alturas, las nubes decidieron protestar.

Betty Herrero

—Si no se apaga ese motor, nosotras no provocaremos más lluvias —gritaron hacia abajo para que las oyeran las personas del pueblo.

—Si no llueve más, se secará el lago —gritaron asustados los pescadores.

El lago también habló.

—Si no se apaga ese motor, agitaré mis aguas día y noche. Así, ningún bote podrá navegar sobre mí.

Los pescadores comenzaron a preocuparse. Y aún más cuando escucharon a las montañas, que se unieron a la protesta de las nubes y del lago.

—Si no se apaga ese motor, no taparemos más el sol —gritaron con sus fuertes voces.

¡Pobres pescadores! El calor era muy intenso en esa región. Y sería muy difícil aguantar todo el día sin la sombra de las montañas para protegerlos.

Así fue como, cierta noche, todas las familias del pueblo decidieron **unirse** para resolver la situación. Caminaron hacia la casa de Juan y le explicaron que debía deshacerse de aquella lancha. Este era un conflicto en el que todos estaban **comprometidos**. No solo los pobladores, sino también la naturaleza. Si Juan no se deshacía de la lancha, no habría más peces para pescar, ni lluvia para las hortalizas. El pueblo se moriría de hambre y de calor. Necesitaban su **cooperación**.

Betty Herrero

Luego de hablar con Juan, pidieron una reunión con los peces, las nubes, el lago y las montañas. Ahí les explicaron que habían solucionado el problema. Juan había decidido cooperar y vendería el bote que hacía ruido.

Un nuevo y hermoso día amaneció en el pueblo Tanger. Con pescadores, peces, un lago, nubes y montañas. Todo lo que necesita un pueblo de pescadores para ser feliz.

¿? Haz conexiones

Cuenta cómo trabajaron en equipo los personajes del cuento.
PREGUNTA ESENCIAL

Comenta un ejemplo de cómo resuelves un problema con la ayuda de tus amigos. **EL TEXTO Y TÚ**

Hacer predicciones

Busca pistas en el cuento para adivinar o predecir qué ocurrirá después. ¿Fue correcta tu predicción? Sigue leyendo para comprobarlo.

Busca evidencias en el texto

Puedes hacer una predicción cuando la lancha a motor de Juan aparece haciendo mucho ruido. ¿Qué pistas en la página 104 te ayudan a confirmar si tu predicción fue correcta?

página 104

Los demás pescadores no se alegraron al ver la lancha, sino que se enojaron mucho. El motor era muy ruidoso, y por eso el lago habría dejado de ser silencioso. Y no solo los pescadores se enfadaron, sino que los peces también se escondieron, huyendo del ruido que causaba el bote.

Así fue como se marcharon todos los peces del lago. De un día para otro.

Con el paso del tiempo, en lugar de resolverse, el problema se complicaba más. El hambre de la gente era cada vez mayor. Ya no tenían ni una **escama**, ni una **aleta** de pez para masticar. Los peces habían encontrado un lugar en donde esconderse y ya no salían más. El escondite era tan pequeño que al nadar se chocaban y **enredaban** unos con otros.

"Esta situación no puede continuar así", pensaban los pescadores, que ya no tenían qué pescar.

Tras observar cada detalle desde las alturas, las nubes decidieron protestar.

Predije que el ruido traería problemas. Leo en la página 104 que los pescadores se enojaron mucho y que los peces también se escondieron. Sigo leyendo para confirmar mi predicción.

Tu turno

¿Qué predicción hiciste después de que las familias decidieron unirse? Sigue leyendo para comprobar tu predicción. Recuerda hacer, confirmar y revisar predicciones mientras lees.

Tema

El tema de un cuento es el mensaje del autor. Fíjate en lo que hacen y dicen los personajes. Estos detalles te ayudarán a descubrir el tema.

 Busca evidencias en el texto

En "Un lago feliz" el ruido del motor de la lancha y el hambre que todos padecen a causa de este es un problema que los personajes resuelven en equipo. Este es el tema del cuento. Puedo volver a leer para encontrar detalles clave que me ayuden a descubrirlo.

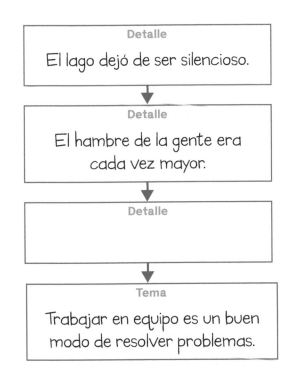

Detalle

El lago dejó de ser silencioso.

↓

Detalle

El hambre de la gente era cada vez mayor.

↓

Detalle

↓

Tema

Trabajar en equipo es un buen modo de resolver problemas.

Tu turno
COLABORA

Vuelve a leer "Un lago feliz". Escribe los detalles clave que hagan referencia al tema en tu organizador gráfico.

¡Conéctate!
Usa el organizador gráfico interactivo.

Fantasía

El cuento "Un lago feliz" es una fantasía.

Sabemos que es una **fantasía** porque tiene:

- Personajes, ambientes o sucesos que no existen en la vida real.
- Dibujos para ilustrar el cuento.
- Una enseñanza.

 ## Busca evidencias en el texto

Puedo saber que "Un lago feliz" es una fantasía porque los personajes son animales y elementos de la naturaleza que hablan. El cuento tiene una enseñanza. Las ilustraciones muestran que la historia no es real.

página 105

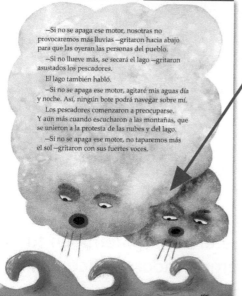

—Si no se apaga ese motor, nosotras no provocaremos más lluvias —gritaron hacia abajo para que las oyeran las personas del pueblo.

—Si no llueve más, se secará el lago —gritaron asustados los pescadores.

El lago también habló.

—Si no se apaga ese motor, agitaré mis aguas día y noche. Así, ningún bote podrá navegar sobre mí.

Los pescadores comenzaron a preocuparse. Y aún más cuando escucharon a las montañas, que se unieron a la protesta de las nubes y del lago.

—Si no se apaga ese motor, no taparemos más el sol —gritaron con sus fuertes voces.

105

Ilustraciones

Las ilustraciones dan más información sobre el cuento. Muestran personajes que no son reales.

 COLABORA

Tu turno

Busca otro ejemplo que demuestre que "Un lago feliz" es una fantasía. Coméntalo con tu compañero o compañera.

Betty Herrero

Antónimos

Los antónimos son palabras que tienen significados opuestos. Si no conoces una palabra, vuelve a leer la oración para adivinar el significado en su contexto.

 Busca evidencias en el texto

En la página 104, no estoy muy seguro del significado de la palabra ruidoso. *Pero si vuelvo a leer la oración, veo la palabra* silencioso. *Puedo comprender que el lago dejó de ser silencioso. Silencioso y* ruidoso *son antónimos.*

El motor era muy ruidoso por eso el lago dejó de ser silencioso.

Tu turno
COLABORA

Busca los antónimos de estas palabras. Si no sabes su significado, lee la oración de nuevo.

se enojaron, *página 104*

complicaba, *página 104*

Comenta el significado de las palabras con un compañero o una compañera.

Escribir acerca del texto

Páginas 102–107

Luis

Seguí la instrucción: *Escribe un suceso para añadir al cuento en el que Juan explique a los pobladores por qué compró su lancha. Incluye lo que piensan y sienten todos los personajes.*

Ejemplo del estudiante:
Texto narrativo

Personajes
Utilicé diálogo para mostrar lo que sienten los personajes.

—¡Juan, tu lancha es muy ruidosa! —dijeron los vecinos.

—La necesitaba para pescar más peces. Yo me siento muy mal cuando subo a un bote de remos porque los peces se escapan con rapidez.

Palabras de enlace
Incluí palabras de enlace para conectar las ideas.

Además, nunca pensé que iba a molestar tanto —contestó Juan, avergonzado.

—Juan, ese rugido no nos deja vivir en paz —insistieron ellos.

—Perdónenme, no volverá a suceder —les contestó.

—Creemos que aprendiste la lección. Te perdonamos —le respondieron amistosamente.

Gramática

Juan es un ejemplo de **sustantivo propio** y *rugido* es un ejemplo de **sustantivo común**

Manual de gramática página 477

Buen final
Añadí la respuesta de los vecinos para lograr un buen cierre del texto.

Tu turno

Piensa en los rasgos de carácter de Juan. Luego escribe otro suceso para añadir al final del cuento. Imagina qué otra cosa puede intentar hacer Juan más adelante para mejorar la pesca.

¡Conéctate!
Escribe tu respuesta en línea.
Usa tu lista de comprobación de edición.

Betty Herrero

Pregunta esencial

¿Por qué la gente emigra a otros lugares?

¡Conéctate!

Buscando un hogar

Bienvenidos a la calle Hester en Nueva York. Muchos inmigrantes se mudaron aquí desde muy lejos. Ellos inmigraron por muchas razones.

▶ Necesitaban trabajo.

▶ Pensaban que allí encontrarían más oportunidades.

▶ Creían que su vida sería mejor.

Coméntalo

COLABORA

¿Qué quiere decir inmigración? Comenta lo que hayas aprendido sobre la inmigración y escríbelo en el organizador gráfico.

Inmigración

Vocabulario

Mira las fotos y lee las oraciones para comentar
cada palabra con un compañero o una compañera.

ábaco

Mi abuelo aprendió a sumar y restar con un **ábaco**.

¿Alguna vez usaste un ábaco?

almacén

En los **almacenes** hay muchos productos.

¿Qué puedes comprar en un almacén?

azotea

Todos los días jugamos en la **azotea**.

¿Qué otra palabra significa casi lo mismo que azotea?

bulto

Armó un **bulto** con toda su ropa.

¿Puedes llevar un bulto sobre tu cabeza?

emigrar

Las personas **emigran** cuando no consiguen empleo en su país.

¿Por qué otro motivo alguien necesitaría emigrar?

indígena

En Bolivia y Perú hay muchos **indígenas**.

¿Qué otra palabra significa lo mismo que indígena?

oportunidad

Nuestra clase tuvo la **oportunidad** de visitar un museo.

¿Alguna vez tuviste la oportunidad de hacer tres goles seguidos?

peñasco

En medio del río había dos grandes **peñascos**.

¿Es fácil trepar un peñasco?

Tu turno

COLABORA

Elige tres palabras y escribe tres preguntas para tu compañero o compañera.

¡Conéctate! *Usa el glosario digital ilustrado.*

El quipus de Amaru

Diego Kochmann

¿? Pregunta esencial

¿Por qué la gente emigra a otros lugares?

Lee y descubre por qué una familia de campesinos indígenas decidió mudarse a la ciudad.

Matías Lapegüe

Amaru vivía en un pequeño pueblo del Perú llamado Antioquía. Allí tenía su casa, que él mismo había construido. Era una casa de piedra y de techos bajos rodeada de **peñascos**. Con la ayuda de su esposa Kuymi había pintado flores y aves de colores en las paredes. Rojas, amarillas y verdes. Era una casa humilde, pero muy hermosa.

Varios años vivieron allí, en los cuales fueron muy felices y tuvieron dos hijos. Pero, al igual que para muchos **indígenas**, la situación había cambiado. Amaru era campesino, y lo que ganaba no alcanzaba para alimentar a los pequeños.

Por eso Amaru había decidido **emigrar** a Lima, la capital del Perú. Era una ciudad muy grande y él era un hombre sano y fuerte. Seguramente había mejores **oportunidades** de trabajo.

Amaru y su familia se despidieron con tristeza de la casa y se marcharon. Tan solo llevaron un **bulto** con ropa, algo de comida y todo el dinero con que contaban, que no era mucho. Amaru no quiso dejar un quipus que había pertenecido a su familia durante generaciones. Un quipus es como un **ábaco** hecho de cuerdas con nudos. Los incas usaban el quipus para contar. Era muy bello, con cuerdas de varios colores hechas con hilo de alpaca.

Tras un largo viaje en la parte de atrás de un camión, pudieron divisar la gran ciudad.

Matías Lapegüe

"La ciudad es más grande de lo que me imaginaba" pensaba Amaru mientras caminaba junto con su familia entre una gran cantidad de personas. Sorprendido, veía cómo iban apuradas de un lado a otro. "Parecen hormigas yendo y viniendo del hormiguero".

En otras épocas, los indígenas tenían que pedir permiso para ingresar a la ciudad, como si fueran extranjeros. Por suerte esto ya no era así. Sin embargo, no fue fácil llegar a una ciudad donde no conocían a nadie y en donde nadie hablaba quechua. En el Perú se habla español en la ciudad y en la montaña el quechua. Por eso se sintieron como cuatro personas invisibles.

Las primeras noches las pasaron en una plaza porque
no tenían otro lugar donde dormir. Amaru se levantaba
temprano y recorría las calles. Entraba en cada tienda
para ofrecer sus ganas de trabajar. No importaba la tarea
que debería realizar. A su vez, su esposa cuidaba a los
niños en la plaza. Y aguardaba esperanzada la vuelta de
su marido. Pero siempre llegaba de la misma manera:
cansado y triste. Apenas si conseguía algo de pan o
frutas que le daban algunos tenderos.

Pero una tarde fue distinta. Ya estaba oscureciendo,
y Kuymi vio de lejos la sonrisa de su marido. Cuando se
acercó vio que sus ojos brillaban como dos estrellas.

—Tengo una gran noticia —le dijo aún agitado—. Hablé
con el dueño de un **almacén**. Necesita un jardinero y una
cocinera para su casa.

Se abrazaron con fuerza. Los niños también festejaron saltando y gritando.

—Pero no perdamos tiempo. Me dijo que hoy mismo debemos comenzar. Viviremos en un cuarto en la **azotea** de su casa. No es muy grande pero podremos acomodarnos bien.

Y tomándose de las manos, la familia caminó con prisa hacia el almacén. Por supuesto, Amaru no olvidó su quipus, el que colgaría en una de las paredes de su nuevo hogar.

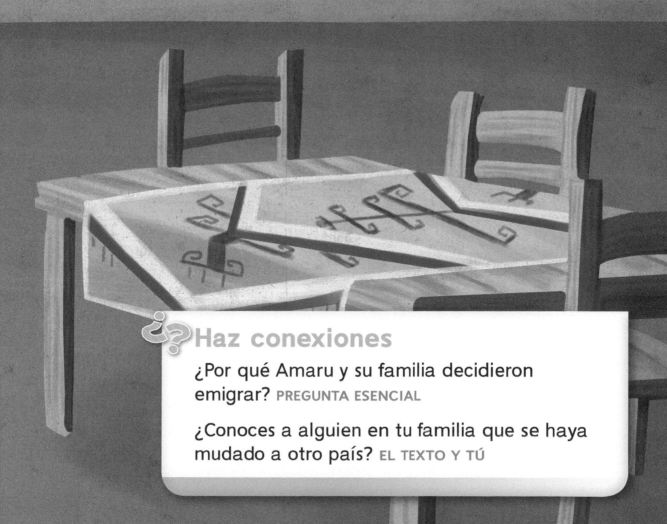

¿?Haz conexiones

¿Por qué Amaru y su familia decidieron emigrar? PREGUNTA ESENCIAL

¿Conoces a alguien en tu familia que se haya mudado a otro país? EL TEXTO Y TÚ

Hacer predicciones

Busca pistas en el cuento para hacer predicciones. Esto te ayudará a saber qué sucederá después. Vuelve a leer para revisar y corregir tus predicciones.

Busca evidencias en el texto

A Amaru no le alcanza el dinero para alimentar a sus hijos. ¿Qué decisión tomará? Creo que emigrará a otro lugar en busca de mejores oportunidades. Busca detalles que confirmen tu predicción en la página 120.

página 120

Por eso Amaru había decidido **emigrar** a Lima, la capital del Perú. Era una ciudad muy grande y él era un hombre sano y fuerte. Seguramente había mejores **oportunidades** de trabajo.

Amaru y su familia se despidieron con tristeza de la casa y se marcharon. Tan solo llevaron un **bulto** con ropa, algo de comida y todo el dinero con que contaban, que no era mucho. Amaru no quiso dejar un quipus que había pertenecido a su familia durante generaciones. Un quipus es como un **ábaco** hecho de cuerdas con nudos. Los incas usaban el quipus para contar. Era muy bello, con cuerdas de varios colores hechas con hilo de alpaca.

Tras un largo viaje en la parte de atrás de un camión, pudieron divisar la gran ciudad.

Hice la predicción de que Amaru llevará a su familia a otro lugar. Mi predicción era correcta.

Por eso decidió emigrar a Lima, la capital del Perú. Seguramente habría mejores oportunidades de trabajo.

COLABORA

Tu turno

¿Puedes predecir lo que sucederá cuando Amaru y su familia lleguen a Lima? ¿Encontrarán trabajo? ¿Lograrán adaptarse? Sigue leyendo para confirmar y revisar tus predicciones.

Tema

El tema de un cuento es el mensaje o la idea principal que el autor quiere compartir. Para identificar el tema, fíjate en lo que hacen y dicen los personajes y en lo que sucede como resultado. Busca detalles clave que te ayuden a identificar el tema.

 Busca evidencias en el texto

Amaru y su familia deben dejar su pueblo para conseguir trabajo. Ese es un detalle importante. Encontraré más detalles clave que me permitan descubrir el tema.

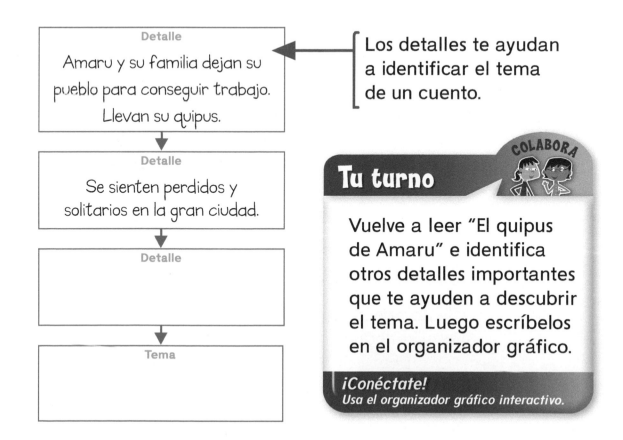

Detalle

Amaru y su familia dejan su pueblo para conseguir trabajo. Llevan su quipus.

Los detalles te ayudan a identificar el tema de un cuento.

Detalle

Se sienten perdidos y solitarios en la gran ciudad.

Detalle

Tema

Tu turno

COLABORA

Vuelve a leer "El quipus de Amaru" e identifica otros detalles importantes que te ayuden a descubrir el tema. Luego escríbelos en el organizador gráfico.

¡Conéctate!
Usa el organizador gráfico interactivo.

Ficción histórica

Sabemos que "El quipus de Amaru" es **ficción histórica** porque:

- Puede incluir personas y hechos reales junto con personajes y sucesos inventados.
- Tiene ilustraciones que muestran detalles históricos.

 Busca evidencias en el texto

Sé que "El quipus de Amaru" es ficción histórica porque la historia cuenta detalles históricos reales y habla de lugares que existen.

página 121

"La ciudad es más grande de lo que me imaginaba" pensaba Amaru mientras caminaba junto con su familia entre una gran cantidad de personas. Sorprendido, veía cómo iban apuradas de un lado a otro. "Parecen hormigas yendo y viniendo del hormiguero".

En otras épocas, los indígenas tenían que pedir permiso para ingresar a la ciudad, como si fueran extranjeros. Por suerte esto ya no era así. Sin embargo, no fue fácil llegar a una ciudad donde no conocían a nadie y en donde nadie hablaba quechua. En el Perú se habla español en la ciudad y en la montaña el quechua. Por eso se sintieron como cuatro personas invisibles.

El ambiente y los sucesos existen en la vida real.

La ilustración muestra detalles de cómo es Lima.

COLABORA

Tu turno

Busca dos ejemplos de referencias históricas. Comenta en pareja por qué "El quipus de Amaru" es ficción histórica.

Matías Lapegüe

Símiles

Símil es la comparación entre dos cosas muy diferentes, usando las palabras *como, parece* o *igual a* para comparar. Por ejemplo: *Sus mejillas eran como dos rosas rojas.*

Busca evidencias en el texto

En la página 121, el autor dice: "Parecen hormigas yendo y viniendo del hormiguero". *Este es un símil porque compara a las personas con las hormigas, usando la palabra* parecen *para comparar. Significa que hay tantas personas que caminan apuradas por la ciudad que se mueven de forma similar a las hormigas.*

"Parecen hormigas yendo y viniendo del hormiguero".

Tu turno

COLABORA

Busca otro símil en el cuento. ¿Qué quiere decir el autor con este símil?

Escribir acerca del texto

Páginas 118–123

Rachel

Respondí la pregunta: *¿Crees que Amaru tuvo una buena idea al emigrar a Lima? Usa evidencias del texto para explicar por qué si o por qué no.*

Ejemplo del estudiante:
Texto de opinión

Opinión
Expresé mi opinión al principio del texto.

Detalles de apoyo
Incluí evidencias del texto para apoyar mi opinión.

> Pienso que Amaru y su familia tuvieron una gran idea al emigrar a Lima. Amaru pensó que como él era un hombre fuerte y sano, podría encontrar trabajo fácilmente. Si se quedaban en Antioquía nunca tendría el dinero suficiente para alimentar a sus pequeños hijos. En la gran ciudad

habría más oportunidades. El largo viaje en la parte trasera de un camión fue muy duro, sobre todo para el niño y la niña. Pero hicieron lo correcto al emigrar.

Sustantivos precisos
Elegí sustantivos interesantes para que el texto se entienda mejor.

Gramática

Niño es un ejemplo de **sustantivo masculino** y *niña* es un ejemplo de **sustantivo femenino.**

Manual de gramática página 478

Tu turno

En tu opinión, ¿Crees que el autor logró explicar bien por qué la familia tuvo que emigrar de Antioquía? Explica por qué sí o por qué no.

¡Conéctate!
Escribe tu respuesta en línea.
Usa tu lista de comprobación de edición.

Matías Lapegüe

Pregunta esencial

¿En qué forma contribuimos a que funcione el gobierno?

¡Conéctate!

©Richard Hutchings/Corbis

Nuestra voz cuenta

Hoy elegiremos al presidente de la clase. Yo votaré por Ana. Creo que ella será la mejor para esa tarea. ¡Mi voto cuenta!

▶ Votar es un modo de decir lo que piensas.

▶ Te da el poder de elegir.

Coméntalo

Escribe palabras relacionadas con el voto. Comenta en pareja por qué es tan importante.

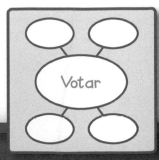

Votar

Vocabulario

Mira las fotos y lee las oraciones para comentar cada palabra con un compañero o una compañera.

anunciar

Los jueces **anuncian** quién es el ganador del concurso.

¿Alguna vez anunciaron tu nombre?

calcular

Sam **calcula** la cantidad de monedas que tiene.

¿Qué significa calcular algo?

candidato

Andrés es uno de los **candidatos** a la presidencia de la clase.

¿Qué hacen los candidatos antes de una elección?

convencer

La mamá trató de **convencer** a Julia para que jugara al fútbol.

¿Alguna vez han tratado de convencerte de algo?

decisión

Ema tomó la **decisión** de votar por su candidato preferido.

¿Cuál fue la última decisión que tomaste?

elegir

Los estudiantes votaron para **elegir** un nuevo presidente de la clase.

¿Qué palabra significa lo mismo que elegir?

gobierno

El **gobierno** toma decisiones.

¿Conoces alguna decisión que haya tomado nuestro gobierno?

independiente

Debemos ser **independientes** y hacer cosas por nuestra cuenta.

¿Cómo puedes ser más independiente en tu casa?

COLABORA

Tu turno

Elige tres palabras y escribe tres preguntas para tu compañero o compañera.

¡Conéctate! *Usa el glosario digital ilustrado.*

¡Cada **VOTO** cuenta!

¿? Pregunta esencial

¿En qué forma contribuimos a que funcione el gobierno?

Lee sobre un grupo que enseña a niños sobre el poder del voto.

Vota por la mascota de la clase

134

¿Alguna vez votaste? Tal vez **elegiste** la mascota de la clase. O tu familia votó por qué película ver. Si alguna vez votaste, entonces sabrás que te hace sentir bien. Votar es importante porque con el voto les dices a otros lo que piensas.

Hace muchos años, los líderes de Estados Unidos querían saber lo que pensaba la gente. Entonces escribieron un plan para nuestro **gobierno**. Se llama Constitución y les da a los ciudadanos de Estados Unidos el derecho a votar.

Las personas pueden votar por líderes y leyes nuevos a partir de los dieciocho años. Votar da a los estadounidenses el poder de elegir.

Enseñar a votar a los niños

Lamentablemente, solo votan seis de cada diez estadounidenses. Algunas personas creen que votar es muy difícil. No saben bien dónde deben votar o creen que les llevará demasiado tiempo. El grupo Kids Voting USA se especializa en **convencer** a todos para que voten.

Kids Voting USA enseña a los niños que votar es importante. Les da lecciones a los maestros para que las usen en clase. Los niños leen cuentos y hacen actividades divertidas relacionadas con el gobierno. También aprenden cómo elegir un buen líder.

¡Llegó el día de la elección!

Primero debemos firmar.

Luego los niños conversan con sus familias. Releen artículos sobre los **candidatos**, las personas que quieren ser elegidas como líderes. Las familias comentan sus ideas y toman **decisiones**. Así, en el momento de la elección, los niños saben por quién quieren votar.

El día de la elección, los niños usan papeletas de votación como las que hay en las elecciones reales. Estas papeletas tienen los nombres de los candidatos. Los niños indican allí a quién han elegido. Después, colocan la papeleta en una caja especial llamada urna. Por último, los votos se cuentan y se recuentan. Luego, se **anuncia** quién ha ganado.

Luego marcamos una papeleta.

Por último, ¡votamos!

© Richard Hutchings/Corbis

Vota ahora

Votar enseña a los niños a ser **independientes** porque les da el poder de decir lo que piensan. Los integrantes de Kids Voting USA quieren que los niños voten ahora. Tienen una buena razón: **calculan** que estos niños querrán votar cuando crezcan.

Dentro de unos diez años, los niños de tu edad podrán votar. Tendrás el poder de ayudar a elegir grandes líderes y nuevas leyes. ¿No es emocionante?

En muchas escuelas se hacen elecciones para enseñar a los niños a votar.

El gráfico de barras muestra los resultados de una elección de la clase. ¿Qué mascota fue la favorita?

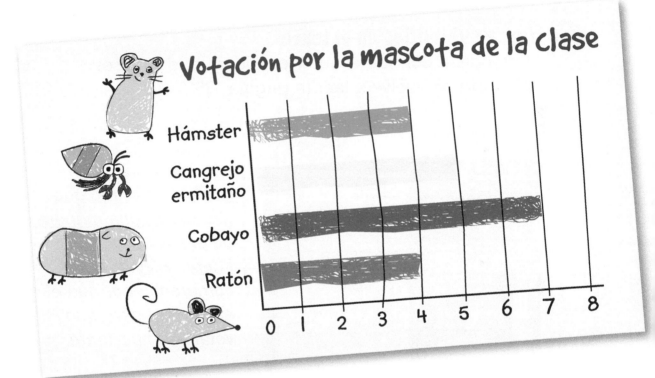

Votación por la mascota de la clase

Hámster
Cangrejo ermitaño
Cobayo
Ratón

0 1 2 3 4 5 6 7 8

¿? Haz conexiones

Conversa sobre la importancia de votar. PREGUNTA ESENCIAL

Comenta cómo te sentiste al votar por primera vez.

EL TEXTO Y TÚ

Volver a leer

Haz una pausa y piensa en el texto. ¿Comprendes lo que estás leyendo? ¿Tiene sentido? Vuelve a leer para asegurarte de que has comprendido el texto.

 Busca evidencias en el texto

¿Entendiste por qué el autor considera que votar es importante? Vuelve a leer la página 135.

página 135

¿Alguna vez votaste? Tal vez **elegiste** la mascota de la clase. O tu familia votó por qué película ver. Si alguna vez votaste, entonces sabrás que te hace sentir bien. Votar es importante porque con el voto les dices a otros lo que piensas.

Hace muchos años, los líderes de Estados Unidos querían saber lo que pensaba la gente. Entonces escribieron un plan para nuestro **gobierno**. Se llama Constitución y les da a los ciudadanos de Estados Unidos el derecho a votar.

Las personas pueden votar por líderes y leyes nuevos a partir de los dieciocho años. Votar da a los estadounidenses el poder de elegir.

Leo que <u>*votar es un modo de decir lo que piensas. Es una manera de elegir nuevos líderes y leyes.*</u> *Ahora comprendo por qué el autor considera que votar es importante.*

COLABORA

Tu turno

¿Cómo enseña Kids Voting USA a los niños a votar? Vuelve a leer las páginas 136 y 137.

Punto de vista del autor

Los autores tienen un punto de vista sobre un tema.
Busca detalles que describan lo que piensa el autor.
¿Estás de acuerdo con el punto de vista del autor?

 Busca evidencias en el texto

*¿Qué piensa el autor sobre votar? Vuelvo a leer el texto
y busco detalles que me informan lo que piensa. Esto me
ayudará a darme cuenta de cuál es su punto de vista.*

Detalles
El título del texto es "¡Cada voto cuenta!".
El autor piensa que es triste que solo voten seis de cada diez estadounidenses.
Votar les da a los estadounidenses el derecho a elegir.

Los detalles me ayudan a conocer el punto de vista del autor.

Punto de vista
Es importante votar. Todos deberíamos votar.

Tu turno COLABORA

Vuelve a leer "¡Cada voto cuenta!". Busca detalles que muestren qué piensa el autor sobre Kids Voting USA y escríbelos en la tabla. ¿Cuál es el punto de vista del autor? ¿Estás de acuerdo?

¡Conéctate!
Usa el organizador gráfico interactivo.

Texto expositivo

"¡Cada voto cuenta!" es un texto expositivo.

Es **texto expositivo** porque tiene:
- Datos e información sobre un tema.
- Títulos que indican de qué tratan las secciones.
- Características del texto, como gráficos de barras.

 Busca evidencias en el texto

Sé que "¡Cada voto cuenta!" es un texto expositivo porque informa cómo votar. Tiene títulos y un gráfico de barras.

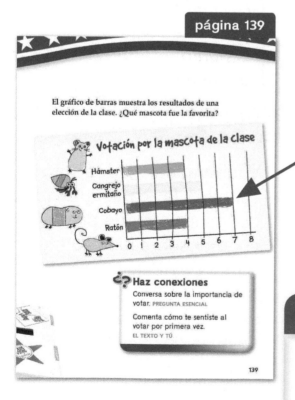

página 139

El gráfico de barras muestra los resultados de una elección de la clase. ¿Qué mascota fue la favorita?

Votación por la mascota de la clase

Hámster
Cangrejo ermitaño
Cobayo
Ratón

0 1 2 3 4 5 6 7 8

Haz conexiones

Conversa sobre la importancia de votar. PREGUNTA ESENCIAL

Comenta cómo te sentiste al votar por primera vez. EL TEXTO Y TÚ

139

Características del texto

Títulos El título indica el tema principal de una sección.

Gráfico de barras Es un tipo de dibujo especial. Sirve para comprender números e información de forma rápida y sencilla.

COLABORA

Tu turno

Observa el gráfico de barras de la página 139. Comenta en pareja lo que aprendiste.

Prefijos

El prefijo es la parte de una palabra que se agrega al principio y cambia su significado. El prefijo *in-* significa "no". El prefijo *re-* significa "otra vez".

Busca evidencias en el texto

En "¡Cada voto cuenta!" encuentro esta frase: "Releen artículos sobre los candidatos". La palabra releen *tiene el prefijo* re-. *Sé que el prefijo* re- *significa "otra vez". La palabra* releen *debe significar "leen otra vez".*

Releen artículos sobre los candidatos.

Tu turno

Busca prefijos. Descubre el significado de las siguientes palabras.

recuentan, *página 137*

independientes, *página 138*

Escribir acerca del texto

Páginas 134–139

Marlon

Respondí la pregunta: *En tu opinión, ¿logró el autor convencer a los lectores de que deben votar? Piensa en las razones que el autor brindó.*

Ejemplo del estudiante:
Texto de opinión

Opinión
Comienzo expresando mi opinión.

> Creo que el autor hizo un buen trabajo para convencer a los lectores que deben votar. Él dio diferentes razones por las que es importante el voto. Por ejemplo, la

Detalles de apoyo
Incluí detalles del texto para apoyar mi opinión.

> votación le da a la gente el poder de elegir a sus líderes. Los niños que votan en la escuela aprenden a ser independientes y a pensar por

sí mismos. Cuando sean hombres y

mujeres, podrán elegir a los líderes y

ayudar a hacer nuevas leyes.

¡Estas son todas buenas razones

para votar!

Gramática

En esta oración, *hombres* y *mujeres* son un ejemplo de **sustantivos plurales**.

Manual de gramática página 477

Conclusión
Terminé con una oración que resume mi opinión.

Tu turno

¿Estás de acuerdo o en desacuerdo con el punto de vista del autor sobre la votación? Explica tu respuesta.

¡Conéctate!
Escribe tu respuesta en línea.
Usa tu lista de comprobación de edición.

Pregunta esencial

¿Cómo ayudamos a que los animales sobrevivan?

¡Conéctate!

(bkgd) James R.D. Scott/Flickr/Getty Images

146

Salvar ANiMaLeS

Estos manatíes se ven felices, pero necesitan ayuda. Podemos ayudar a los animales amenazados para que sobrevivan si:

► Protegemos sus hábitats.

► Mantenemos sus hábitats limpios.

► Participamos en grupos especiales que ayudan a los animales.

Coméntalo

Escribe palabras sobre lo que necesitan los animales para sobrevivir. Comenta en pareja qué puedes hacer para salvar animales.

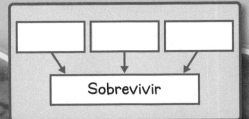

Sobrevivir

Vocabulario

Mira las fotos y lee las oraciones para comentar cada palabra con un compañero o una compañera.

amenazar

El incendio forestal **amenazaba** los árboles.

¿Alguna vez te has sentido amenazado por un desastre natural?

cuidador

Los **cuidadores** del zoológico alimentan a los pingüinos.

¿Te gustaría trabajar como cuidador de animales?

éxito

El concierto de Jill fue un **éxito**.

¿Qué es un éxito para ti?

pariente

Invitamos a amigos y **parientes** a comer al aire libre.

¿Qué actividades haces con tus parientes?

población

En la laguna vive una gran **población** de flamencos.

Nombra otra población animal que viva en una laguna.

reconocer

La niña se **reconoció** en el espejo.

¿Qué palabra significa casi lo mismo que reconocer?

recursos

Para crecer, las plantas necesitan **recursos**, como la luz y el aire.

¿Qué recursos necesitan las personas para vivir?

sobrevivir

Los animales no **sobreviven** sin agua.

¿Qué más necesitan los animales para sobrevivir?

COLABORA

Tu turno

Elige tres palabras y escribe tres preguntas para tu compañero o compañera.

¡Conéctate! Usa el glosario digital ilustrado.

NIÑOS al rescate

Olivia y Carter Ries,
fundadores de One More Generation

Pregunta esencial

¿Cómo ayudamos a que los animales sobrevivan?

Lee cómo dos niños ayudaron
a las tortugas marinas.

(inset)Courtesy of One More Generation

150

¡Qué desastre! Ese petróleo pegajoso estaba en todas partes. Estaba en el agua y cubría las rocas y la arena. A los tiburones y delfines les costaba nadar. El derrame de petróleo en el Golfo de México estaba dejando a los animales enfermos y desamparados.

Dos niños de una pequeña ciudad de Georgia se enteraron de la noticia. Vieron fotografías de tortugas marinas cubiertas de petróleo y de muchos animales que se esforzaban para poder moverse. Entonces, decidieron que era hora de hacer algo. ¡Los animales del golfo necesitaban dos héroes que los ayudaran!

Olivia y Carter al rescate

Los héroes son Olivia y Carter Ries. Ellos formaron un grupo que se dedica a salvar animales. Olivia tenía siete años y su hermano Carter, ocho y medio. Llamaron al grupo One More Generation. Deseaban que los niños del futuro conocieran a los animales.

Olivia y Carter creen que todos podemos aportar algo. Ellos tienen un mensaje importante: todos podemos ayudar a los animales.

Olivia y Carter vieron que el derrame de petróleo se extendía por el golfo. Los animales se enfermaban. Solo quedan unos miles de ejemplares de tortuga lora en el mundo. Está en peligro de extinción y su **población** es cada vez más pequeñita. El petróleo **amenazaba** con arruinar su hogar y su hábitat.

Olivia y Carter aprenden cómo daña el petróleo a las tortugas lora.

Esta tortuga hembra está limpia y saludable. La devolverán al golfo.

El petróleo arruina todo

Olivia y Carter se enteraron de que las tortugas hembra estaban cruzando el Golfo de México para poner sus huevos en las playas. El petróleo había destruido los **recursos** que necesitaban para sobrevivir. El petróleo dañino cubría la arena y hacía que les costara mucho nadar.

Las tortugas **sobreviven** comiendo algas, medusas y animalitos marinos. El derrame también arruinó su comida. Si no tienen comida, las tortugas se mueren.

Salvar a las tortugas marinas

Olivia y Carter **reconocieron** rápidamente la gravedad del problema. Las tortugas necesitaban ayuda. Primero pensaron en un plan. Luego, llamaron a un grupo de rescate de Nueva Orleans. Después, supieron que necesitarían artículos de limpieza y paños. Por último, hablaron con amigos, **parientes** y vecinos. Entre todos ayudarían a quitarles el petróleo a las tortugas.

Durante cuatro meses los niños reunieron todo lo que necesitaban. Después viajaron con sus padres hasta Nueva Orleans. Los niños observaron atentamente cómo los **cuidadores** limpiaban a cientos de tortugas marinas. Gracias a muchas personas, pronto las tortugas quedaron impecables. El plan de Olivia y Carter había funcionado. ¡Fue todo un **éxito**!

Viaje a Nueva Orleans

Carolina del Sur

Alabama

Arkansas

Mississippi

Fayetteville

Luisiana

Georgia

OCÉANO ATLÁNTICO

Nueva Orleans

N

O   E

S

Florida

Referencias

☆ ciudad

····· ruta

Golfo de México

El trabajo continúa

Olivia y Carter trabajan con grupos de todo el mundo. Dan charlas en museos y escuelas. Piden a los líderes de las comunidades que apoyen las leyes que protegen a los animales. Ayudan a rescatar a los animales que están en peligro.

Olivia y Carter son verdaderos héroes. Gracias a ellos, muchos animales sobrevivirán una generación más.

Carter y su mamá descargan materiales en Nueva Orleans.

Cómo ayudar a los animales

- Protege los nidos.
- Recoge la basura en los parques.
- No ensucies el agua.
- No uses bolsas de plástico.

Haz conexiones

Describe los pasos que siguieron Olivia y Carter para ayudar a las tortugas marinas. **PREGUNTA ESENCIAL**

¿Qué puedes hacer con tus amigos por los animales? **EL TEXTO Y TÚ**

Volver a leer

Haz una pausa y piensa en el texto mientras lees. ¿Hay nuevos datos e ideas? ¿Tienen sentido? Vuelve a leer para asegurarte de que comprendes el texto.

Busca evidencias en el texto

¿Entiendes por qué un derrame de petróleo daña a los animales? Vuelve a leer la página 151.

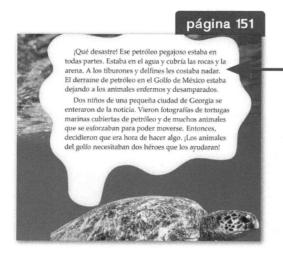

página 151

¡Qué desastre! Ese petróleo pegajoso estaba en todas partes. Estaba en el agua y cubría las rocas y la arena. A los tiburones y delfines les costaba nadar. El derrame de petróleo en el Golfo de México estaba dejando a los animales enfermos y desamparados.

Dos niños de una pequeña ciudad de Georgia se enteraron de la noticia. Vieron fotografías de tortugas marinas cubiertas de petróleo y de muchos animales que se esforzaban para poder moverse. Entonces, decidieron que era hora de hacer algo. ¡Los animales del golfo necesitaban dos héroes que los ayudaran!

Leo que a los tiburones y delfines les costaba nadar. Las tortugas se esforzaban para moverse. Estos detalles me ayudan a comprender por qué el petróleo daña a los animales.

COLABORA

Tu turno

Vuelve a leer la sección "Olivia y Carter al rescate". Busca detalles sobre el daño que los derrames de petróleo causan a los animales.

Punto de vista del autor

Los autores tienen un punto de vista sobre un tema. Busca detalles que indiquen qué piensa el autor. ¿Estás de acuerdo con el punto de vista del autor?

Busca evidencias en el texto

¿Qué piensa el autor sobre el trabajo de Olivia y Carter con los animales? Puedo volver a leer y buscar detalles que me indiquen qué piensa el autor.

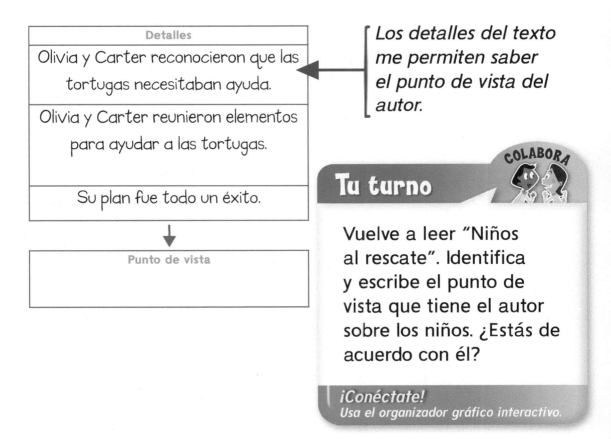

Detalles
Olivia y Carter reconocieron que las tortugas necesitaban ayuda.
Olivia y Carter reunieron elementos para ayudar a las tortugas.
Su plan fue todo un éxito.

↓

Punto de vista

Los detalles del texto me permiten saber el punto de vista del autor.

COLABORA

Tu turno

Vuelve a leer "Niños al rescate". Identifica y escribe el punto de vista que tiene el autor sobre los niños. ¿Estás de acuerdo con él?

¡Conéctate!
Usa el organizador gráfico interactivo.

157

Texto expositivo

"Niños al rescate" es un texto expositivo.

El **texto expositivo** tiene:

- datos e información sobre un tema.
- títulos y notas al margen.
- características del texto, como mapas.

Busca evidencias en el texto

Puedo saber que "Niños al rescate" es un texto expositivo porque presenta datos e información sobre un grupo que ayuda a los animales. Además, tiene notas al margen y un mapa.

página 154

Salvar a las tortugas marinas

Olivia y Carter **reconocieron** rápidamente la gravedad del problema. Las tortugas necesitaban ayuda. Primero pensaron en un plan. Luego, llamaron a un grupo de rescate de Nueva Orleans. Después, supieron que necesitarían artículos de limpieza y paños. Por último, hablaron con amigos, **parientes** y vecinos. Entre todos ayudarían a quitarles el petróleo a las tortugas.

Durante cuatro meses los niños reunieron todo lo que necesitaban. Después viajaron con sus padres hasta Nueva Orleans. Los niños observaron atentamente cómo los **cuidadores** limpiaban a cientos de tortugas marinas. Gracias a muchas personas, pronto las tortugas quedaron impecables. El plan de Olivia y Carter había funcionado. ¡Fue todo un **éxito**!

Viaje a Nueva Orleans

Arkansas · Mississippi · Alabama · Carolina del Sur · Fayetteville · Georgia · Luisiana · OCÉANO ATLÁNTICO · Nueva Orleans · Golfo de México · Florida

Referencias
☆ ciudad
--- ruta

154

Características del texto

Notas al margen Las notas al margen dan más información sobre un tema.

Mapa Un mapa es un dibujo de un área. Muestra ciudades, carreteras y ríos.

COLABORA

Tu turno

Observa las características del texto de "Niños al rescate". Comenta con tu compañero o compañera qué aprendiste.

Sufijos

El sufijo es la parte que se agrega al final de una palabra y cambia su significado. El sufijo *-ito* significa "pequeño". El sufijo *-mente* significa "de esa manera".

 Busca evidencias en el texto

En "Niños al rescate" leo esta oración: "Las tortugas sobreviven comiendo algas, medusas y animalitos marinos". *La palabra* animalitos *tiene el sufijo* -ito. *Sé que el sufijo* -ito *significa "pequeño". La palabra* animalito *significa entonces "animal pequeño".*

> Las tortugas sobreviven comiendo algas, medusas y *animalitos* marinos.

Tu turno

Busca sufijos. Descubre el significado de las siguientes palabras en "Niños al rescate".

pequeñita, *página 152*

rápidamente, *página 154*

atentamente, *página 154*

Escribir acerca del texto

Páginas 150–155

Rhett

Respondí la pregunta: *¿Cuál fue el efecto del derrame de petróleo en las tortugas?*

Ejemplo del estudiante:
Texto informativo

Un derrame de petróleo en el Golfo de México ha tenido efectos nocivos sobre las tortugas que viven allí. En primer lugar arruinó recursos importantes. El derrame dañó las algas y muchos pequeños animalitos que las tortugas necesitan como alimento. A continuación, algunas tortugas

Secuencia
Usé las palabras *En primer lugar* y *A continuación* para poner en orden los sucesos.

Gramática

La palabra *animalitos* es un ejemplo de **sustantivo diminutivo**.

Manual de gramática página 478

McGraw-Hill Education

murieron porque no podían comer. También se les hizo difícil nadar y moverse en la arena.

Las tortugas hembra no tenían un lugar para poner sus huevos. Estos son algunos ejemplos de cómo el derrame de petróleo lastima a las tortugas.

Palabras de enlace
Añadí la palabra *porque* para conectar las ideas.

Hechos y detalles
Incluí detalles del texto sobre los efectos que el derrame de petróleo produce en las tortugas.

Tu turno

¿Cómo describirías a Olivia y Carter? Incluye evidencia del texto en tu respuesta.

¡Conéctate!
Escribe tu respuesta en línea.
Usa tu lista de comprobación de edición.

Steven Senne/AP Images

Pregunta esencial

¿Cómo se nos ocurren las ideas?

¡Conéctate!

¿Qué hacemos ahora?

Cuando mi familia y yo paseamos en bicicleta, es mi tarea elegir el camino. A mí me gusta usar un mapa para ver por dónde vamos a pasar. Luego, mi familia y yo comentamos el recorrido.

► Me gusta hacer preguntas que me ayudan a decidir qué hacer.

► Hay muchos caminos para llegar a un lugar.

Coméntalo

¿Alguna vez se te ha ocurrido una buena idea para resolver un problema en casa? Habla en pareja sobre cómo lo hiciste.

Resuélvelo

Vocabulario

Mira las fotos y lee las oraciones para comentar cada palabra con un compañero o una compañera.

cascabel

Mi tía es tan alegre como un **cascabel**.

¿Qué otros usos tiene el cascabel?

imaginar

Cuando leo **imagino** los personajes y los lugares del cuento.

Imaginar cosas es divertido. ¿A ti qué te gusta imaginar?

marchante

Los **marchantes** anuncian la oferta de su fruta en el mercado.

¿Qué otros marchantes conoces? ¿Qué venden?

vitrina

Me gusta mirar la **vitrina** de la pastelería cuando tengo hambre.

¿Te gusta mirar las vitrinas de las tiendas?

Términos de poesía

metáfora

Sus ojos son dos estrellas que iluminan mi camino.

Inventa una metáfora divertida.

verso libre

A mi padre le gusta escribir versos libres porque no tiene que pensar en dos palabras que rimen.

Escribe un poema de verso libre sobre tu actividad favorita.

décima

Las décimas de Alex tienen 10 líneas y tienen rima.

¿En qué se diferencia una décima de un poema de verso libre?

rima

Las palabras *cuidado* y *mirado* riman porque tienen la misma terminación.

Busca otras palabras que rimen.

COLABORA

Tu turno

Elige tres palabras y escribe tres preguntas para tu compañero o compañera.

¡Conéctate! *Usa el glosario digital ilustrado.*

El coloquio de los ratones

Se juntaron los ratones
para comentar un tema
y resolver un problema
de muy graves proporciones.
Propusieron soluciones
en medio de un alboroto
más grande que un maremoto:
¿quién le pone el **cascabel**
a ese gato grande y cruel?
¡Lo sometieron a voto!

Alexis Romay

Pregunta esencial

¿Cómo se nos ocurren las ideas?

Lee poesía para alimentar tu
imaginación y tener nuevas ideas.

Mi abuela

Mi abuela era un árbol
cuya memoria se agitaba con el viento.
En las tardes me encantaba
columpiarme en sus brazos
y ver las cosas
desde la increíble altura de su infancia;
aunque a veces los recuerdos
le quebraban las ramas y, llorando
me dejaba en el suelo.

Alberto Forcada

Texto ©2000 Alberto Forcado. © de la Edición de Columpio, Fondo de Cultura Económica. Illustrated by Maria Lavezzi

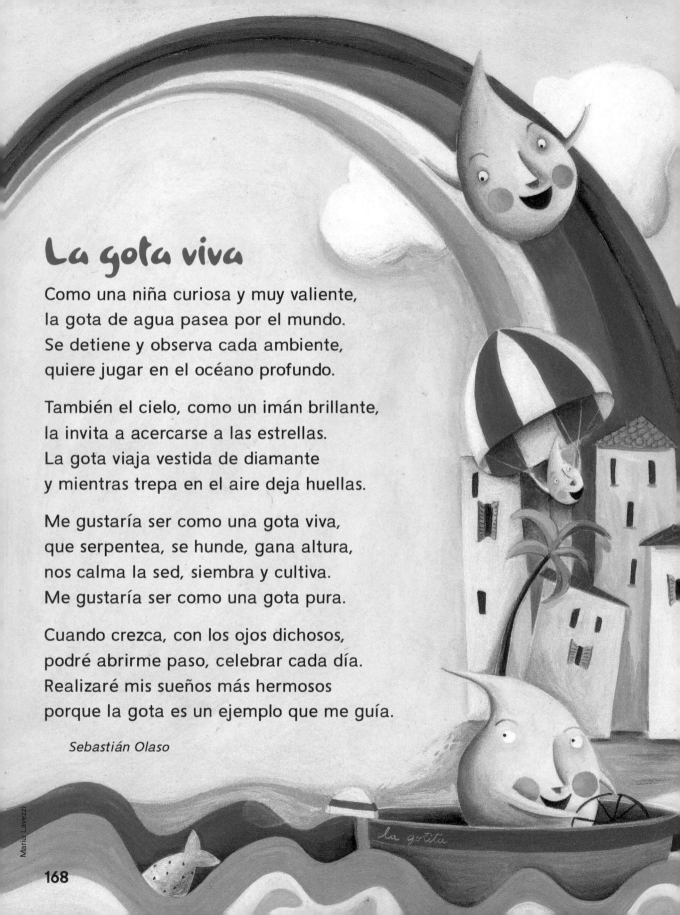

La gota viva

Como una niña curiosa y muy valiente,
la gota de agua pasea por el mundo.
Se detiene y observa cada ambiente,
quiere jugar en el océano profundo.

También el cielo, como un imán brillante,
la invita a acercarse a las estrellas.
La gota viaja vestida de diamante
y mientras trepa en el aire deja huellas.

Me gustaría ser como una gota viva,
que serpentea, se hunde, gana altura,
nos calma la sed, siembra y cultiva.
Me gustaría ser como una gota pura.

Cuando crezca, con los ojos dichosos,
podré abrirme paso, celebrar cada día.
Realizaré mis sueños más hermosos
porque la gota es un ejemplo que me guía.

Sebastián Olaso

la gotita

María Lavezzi

168

De hormigas

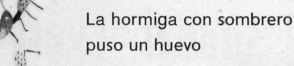

La hormiga con sombrero
puso un huevo

puso 1
puso 2
puso 3
puso todo un hormiguero.

La hormiga con sombrilla
buscó comida
agarró una hoja
subió

       bajó
y así todito el día.

La hormiga con barriga
llamó a una amiga,
se pintó,
se perfumó
y se fueron de paseo
por toda la avenida.

Yolanda Blanco

¿? Haz conexiones

¿Qué ideas presentan estos poemas? Comenta lo que sucede en cada uno de ellos. **PREGUNTA ESENCIAL**

¿Has tenido una buena idea que ayudó a un compañero o compañera en la escuela?
EL TEXTO Y TÚ

La décima y el verso libre

Décima:
- Es fácil de reconocer porque tiene diez versos de ocho sílabas cada uno.
- Los versos tienen rima.
- Tiene cuatro rimas diferentes.

Verso libre:
- No debe tener rima ni métrica.
- Tiene ritmo y lenguaje figurado.

 Busca evidencias en el texto

Sé que "El coloquio de los ratones" es una décima porque tiene diez versos y cada uno tiene ocho sílabas.

página 166

El coloquio de los ratones

Se juntaron los ratones
para comentar un tema
y resolver un problema
de muy graves proporciones.
Propusieron soluciones
en medio de un alboroto
más grande que un maremoto:
¿quién le pone el **cascabel**
a ese gato grande y cruel?
¡Lo sometieron a voto!

Alexis Romay

En esta décima el primer verso rima con el cuarto y el quinto. El segundo rima con el tercero. ¿Puedes encontrar una metáfora en alguno de los versos?

Tu turno

Busca otros versos que rimen en la décima "El coloquio de los ratones". ¿Cuántas estrofas tiene esta décima?

Punto de vista

A veces un poema muestra los pensamientos que tiene el autor sobre la vida a través de los personajes o sucesos que narra. Estos pensamientos son el punto de vista del poeta. Busca detalles en los poemas que muestren un punto de vista.

Busca evidencias en el texto

Volveré a leer el poema "Mi abuela" para identificar los detalles que muestran lo que piensa el autor.

Detalles
Mi abuela era un árbol.
me encantaba columpiarme en sus brazos.
ver las cosas desde la increíble altura.

↓

Punto de vista

Tu turno

En el poema "Mi abuela" el autor escribe sobre lo que siente por su abuela. Busca las palabras que describen sus sentimientos y compáralos con tus sentimientos por tu abuela.

¡Conéctate!
Usa el organizador gráfico interactivo.

Aliteración y rima

Los poetas usan la aliteración y la rima para hacer descripciones divertidas y para dar un sonido musical a los poemas.

 Busca evidencias en el texto

Al leer "De hormigas" en voz alta, escucho los sonidos que se repiten y las palabras que riman.

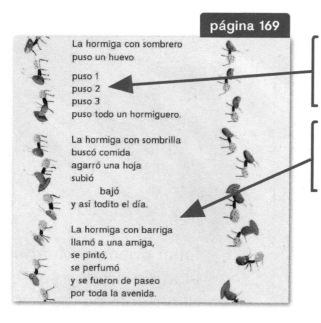

página 169

La hormiga con sombrero
puso un huevo

puso 1
puso 2
puso 3
puso todo un hormiguero.

La hormiga con sombrilla
buscó comida
agarró una hoja
subió
          bajó
y así todito el día.

La hormiga con barriga
llamó a una amiga,
se pintó,
se perfumó
y se fueron de paseo
por toda la avenida.

En el primer verso la poeta repite la palabra puso.

Las palabras barriga, amiga y avenida riman.

Tu turno COLABORA

Busca más ejemplos de aliteración y rima en los poemas.

Símiles

Un símil compara dos cosas que son muy diferentes. En general, el símil usa la palabra *como*. Muchas veces, el símil ayuda a mostrar el punto de vista del autor.

Busca evidencias en el texto

Para encontrar un símil, necesito ver una comparación entre dos cosas. En "La gota viva", se compara a la gota con una niña y al cielo con un imán. Estos son dos ejemplos de símiles.

página 168

La gota viva

Como una niña curiosa y muy valiente,
la gota de agua pasea por el mundo.
Se detiene y observa cada ambiente,
quiere jugar en el océano profundo.

También el cielo, como un imán brillante,
la invita a acercarse a las estrellas.
La gota viaja vestida de diamante
y mientras trepa en el aire deja huellas.

COLABORA

Tu turno

Vuelve a leer "La gota viva" para encontrar otros ejemplos de símil.

Escribir acerca del texto

Páginas 166–169

Sophia

Seguí la instrucción: *Elige un invento. Escribe una décima o un poema con rima sobre él. Incluye comparaciones.*

Ejemplo del estudiante:
Texto narrativo

Mi *scooter* es como una alfombra

encantada

que corre, que vuela; soy

afortunada.

Con un zumbido deja atrás a mis

hermanos

y hasta los ciclistas parecen

manchones lejanos.

Las ruedas se deslizan veloces

Comparación
Comparé mi *scooter* con una alfombra encantada.

Detalles descriptivos
Añadí detalles para describir lo rápido que anda mi scooter.

como el viento,

y yo me alegro y disfruto, llena

de contento.

Mi *scooter* podría elevarse hasta

las estrellas

y a mí me gustaría abrazar a las

más bellas.

Gramática

En este poema se incluyen **artículos definidos e indefinidos.**

Manual de gramática página 479

Rima
Al final de cada verso, elegí palabras que riman.

Tu turno

Escribe tu propio poema que trate sobre algún invento. Incluye una comparación.

¡Conéctate!
Escribe tu respuesta en línea.
Usa tu lista de comprobación de edición.

175

Único en su especie

La gran idea

¿Por qué son importantes las características personales?

Manuel Pérola

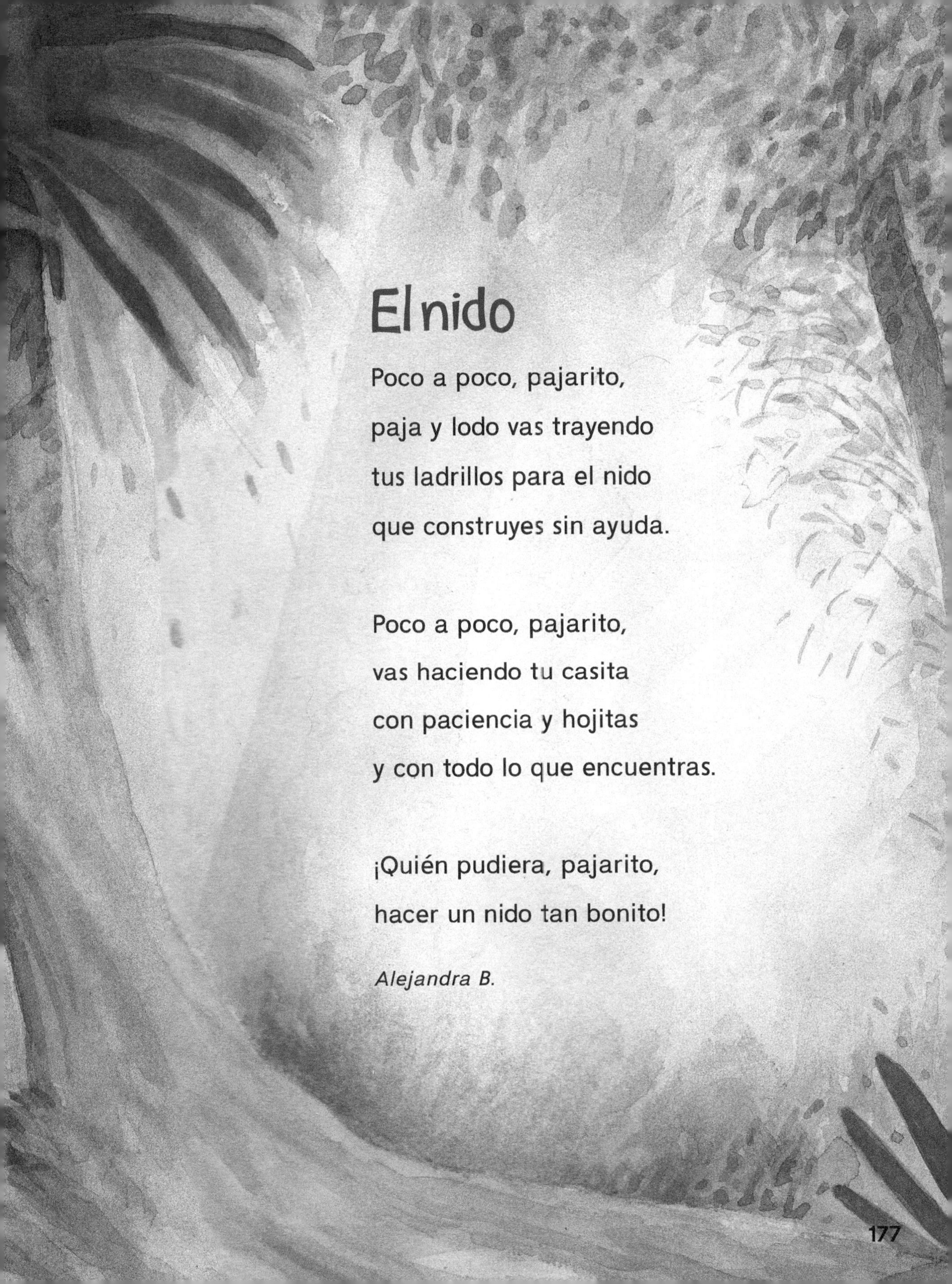

El nido

Poco a poco, pajarito,

paja y lodo vas trayendo

tus ladrillos para el nido

que construyes sin ayuda.

Poco a poco, pajarito,

vas haciendo tu casita

con paciencia y hojitas

y con todo lo que encuentras.

¡Quién pudiera, pajarito,

hacer un nido tan bonito!

Alejandra B.

Pregunta esencial

¿Qué características hacen
que los animales sean únicos?

 ¡Conéctate!

©david tipling/Alamy

178

CARACTERÍSTICAS ESPECIALES

Los delfines nariz de botella son mamíferos únicos. Tienen la forma necesaria para moverse en el agua y silban para comunicarse entre ellos.

▶ Todos los animales poseen características únicas.

▶ Los animales utilizan sus características especiales para comunicarse, protegerse y obtener lo que necesitan.

Coméntalo

Comenta en pareja sobre otros animales y sus características únicas. Escribe tus ideas aquí.

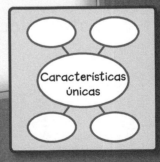

Características únicas

Vocabulario

Mira las fotos y lee las oraciones para comentar cada palabra con un compañero o una compañera.

arrogante

El gran tiburón asusta con su aspecto **arrogante**.

Nombra otro animal de aspecto arrogante.

atento

La pata está **atenta** a los movimientos de sus polluelos.

¿Qué palabra tiene el significado opuesto de atento?

atrevido

Ese animal del zoológico es muy **atrevido**.

¿Por qué crees que es atrevido?

característica

Los leones tienen **características** especiales que los ayudan a sobrevivir.

¿Qué característica nos ayuda a sobrevivir?

noticia

Marcos recibió una **noticia**.

Nombra algo que consideres una buena noticia.

reluciente

Miriam frotó la olla hasta dejarla **reluciente**.

¿Qué palabra significa lo mismo que reluciente?

reojo

Tom miró de **reojo** a sus compañeros.

Muestra cómo haces para mirar de reojo.

único

El oso hormiguero es un animal **único** por la larga nariz que tiene.

¿Conoces otro animal que sea único?

COLABORA

Tu turno

Elige tres palabras y escribe tres preguntas para tu compañero o compañera.

¡Conéctate! *Usa el glosario digital ilustrado.*

CUENTO DE LA ORUGA

¿? Pregunta esencial

¿Qué características hacen que los animales sean únicos?

Lee sobre cómo un animal usa su característica especial para resolver un problema.

Iago Silver

Hace mucho tiempo, Anant y su hermana Anika fueron a nadar. Nadaron toda la tarde y terminaron muy cansados. Estaban tan exhaustos que subieron a una gran roca plana para descansar y pronto se quedaron dormidos.

Mientras dormían sucedió algo muy extraño y misterioso. La roca sobre la que estaban acostados creció y se expandió hasta alcanzar las nubes.

Anant se despertó y miró a su alrededor.

—Hermanita, ¡despierta!, —dijo entre sollozos—. ¿Estoy soñando o estamos realmente entre las nubes?

Anika frotó sus ojos.

—No estás soñando, hermano. ¡Esta roca **atrevida** creció mientras dormíamos!

Los niños miraron de **reojo** y vieron un cielo azul fabuloso y nubes blancas maravillosas.

Estaban tan alto que Anika comenzó a sentirse mareada. Anant buscó una forma de bajar, pero no pudo encontrar un camino. Anant y Anika comenzaron a llorar; sentían miedo y estaban preocupados.

Abajo, los campesinos comenzaron a preocuparse. ¿Dónde estaban los niños? Buscaron en los bosques, praderas, lagos y ríos. Luego, Isha, el jefe del pueblo, miró a su alrededor y descubrió al **arrogante** Halcón, que estaba sentado en la rama de un árbol.

—Halcón, ¿podrías ayudarnos a encontrar a Anant y Anika? —le pidió—. Tú tienes una mirada vigilante y detallista y alas muy fuertes. Esas son tus mejores **características**. ¿Puedes utilizarlas para ayudarnos a encontrar a los niños?

Halcón accedió a ayudarlos y voló bien alto. Inclinó su cabeza y entrecerró los ojos debido a la **reluciente** luz del sol. Cuando estuvo cerca de las nubes, divisó a los niños sobre la roca.

—No tengan miedo —les dijo—. Los voy a rescatar.

Como Halcón no podía cargarlos y llevarlos hacia abajo, juntó un montón de comida y se la llevó. También les alcanzó hojas grandes para que no pasaran frío. Él quería asegurarse de que estuvieran bien y seguros.

Halcón voló al pueblo y habló con Isha. Luego, Isha reunió a todos los animales y les dijo que necesitaba su ayuda para poder bajar a los niños. Les pidió que usaran su característica más especial y distintiva para escalar la gran piedra. Muchos lo intentaron, pero no lo lograron.

Los dientes de Ratoncita eran fuertes y **únicos**, pero no la ayudaron a escalar la roca.

Las garras enormes de Oso eran muy buenas para trepar árboles. Sin embargo, no le sirvieron para escalar la roca.

Las garras de León eran afiladas y poderosas, pero la roca era muy resbaladiza y se deslizó y cayó hacia atrás.

Por último, una pequeña voz llena de entusiasmo habló y se ofreció a ayudar.

—¿Puedo intentarlo yo? Soy Too-Tock, la oruga.

Oruga les mostró cuán hábil era para escalar. Al verla, Halcón se ofreció a llevarla a la cumbre de la roca. Desde allí podría guiar a Anant y Anika para que bajaran de la enorme montaña. Isha estuvo de acuerdo con el plan.

Entonces, Halcón tomó cuidadosamente a Oruga con su pico y volaron juntos hasta la cima de la roca donde los esperaban los niños. Durante todo el camino, Oruga estuvo muy **atenta**, planificando cómo descender.

Jago Silver

Les llevó casi una semana poder bajar hasta el pueblo. Oruga los guió por la pendiente de la roca, pulgada por pulgada, con mucho cuidado. Todos los días Halcón les llevaba comida y luego bajaba al pueblo con las **noticias**.

Finalmente, Oruga, Anant y Anika llegaron al suelo. Todo el mundo estaba feliz y le decía a Oruga que era una heroína. Fue un día glorioso y espléndido.

—De ahora en adelante —dijo Isha—, esta roca gigante se llamará Too-Tock-Awn-oo-Lah, en honor a la valiente Oruga.

Haz conexiones

¿Qué característica especial tiene Oruga? ¿Cómo ayudó a los niños? PREGUNTA ESENCIAL

¿Qué características especiales tienes y qué haces con ellas? EL TEXTO Y TÚ

Visualizar

Mientras lees "Cuento de la oruga", busca detalles que te ayuden a visualizar y formar imágenes en tu mente. Esto te permitirá comprender las acciones y los sentimienos de los personajes.

 Busca evidencias en el texto

¿Cómo se sintieron Anant y Anika cuando despertaron? Vuelve a leer la página 183. Los detalles te ayudarán a visualizar cómo se sintieron.

página 183

Mientras dormían sucedió algo muy extraño y misterioso. La roca sobre la que estaban acostados creció y se expandió hasta alcanzar las nubes.

Anant se despertó y miró a su alrededor.

—Hermanita, ¡despierta!, —dijo entre sollozos—. ¿Estoy soñando o estamos realmente entre las nubes?

Anika frotó sus ojos.

—No estás soñando, hermano. ¡Esta roca **atrevida** creció mientras dormíamos!

Los niños miraron de **reojo** y vieron un cielo azul fabuloso y nubes blancas maravillosas.

Estaban tan alto que Anika comenzó a sentirse mareada. Anant buscó una forma de bajar, pero no pudo encontrar un camino. Anant y Anika comenzaron a llorar; sentían miedo y estaban preocupados.

Leo que Anika se sintió mareada y que Anant buscó la forma de bajar. Como no la encontró, ambos comenzaron a llorar. Por estos detalles sé que los niños estaban asustados.

Tu turno

¿Cómo volvieron los niños al pueblo? Vuelve a leer y visualiza el regreso. Luego, cuenta lo que pasó.

Problema y solución

La trama, por lo general, tiene un problema y una solución. Un problema es algo que debe ser resuelto. La solución es cómo los personajes resuelven el problema.

 Busca evidencias en el texto

Leo en la página 183 que la roca creció y que Anant y Anika quedaron atrapados arriba. Este es el problema. También leo que los campesinos buscaron a los niños. Luego Isha le pidió ayuda a Halcón. Estos son los pasos que dieron para resolver el problema. Están en una secuencia.

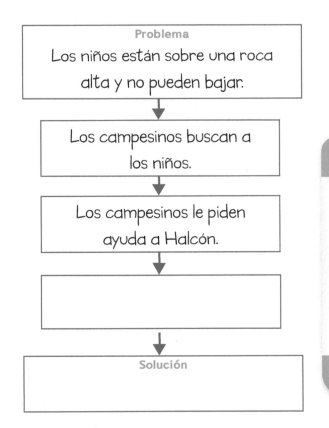

Problema
Los niños están sobre una roca alta y no pueden bajar.

Los campesinos buscan a los niños.

Los campesinos le piden ayuda a Halcón.

Solución

Tu turno

Vuelve a leer "Cuento de la oruga". Busca más detalles del problema. Completa la secuencia en tu organizador gráfico y escribe la solución.

¡Conéctate!
Usa el organizador gráfico interactivo.

189

Cuento folclórico

"Cuento de la oruga" es un cuento folclórico.

El **cuento folclórico:**

- Es un cuento corto que se transmite de padres a hijos.
- Por lo general, tiene un mensaje o enseña una lección.

 Busca evidencias en el texto

Sé que "Cuento de la oruga" es un cuento folclórico porque me enseñó cómo obtuvo su nombre la roca grande. También aprendí una lección: que aún los animales más pequeños pueden resolver grandes problemas.

página 187

Les llevó casi una semana poder bajar hasta el pueblo. Oruga los guió por la pendiente de la roca, pulgada por pulgada, con mucho cuidado. Todos los días Halcón les llevaba comida y luego bajaba al pueblo con las **noticias.**

Finalmente, Oruga, Anant y Anika llegaron al suelo. Todo el mundo estaba feliz y le decía a Oruga que era una heroína. Fue un día glorioso y espléndido.

—De ahora en adelante —dijo Isha—, esta gigante se llamará Too-Tock-Awn-oo-Lah, en honor a la valiente Oruga.

Haz conexiones
¿Qué característica especial tiene Oruga? ¿Cómo ayudó a los niños? PREGUNTA ESENCIAL

¿Qué características especiales tienes y qué haces con ellas? EL TEXTO Y TÚ

187

La lección de un cuento folclórico se encuentra al final del relato. La lección es un mensaje importante.

COLABORA

Tu turno

¿Qué detalles del texto muestran que "Cuento de la oruga" es un cuento folclórico? Comenta los detalles en pareja.

Sinónimos

Los sinónimos son palabras que tienen el mismo significado. A veces el contexto nos ayuda a identificar el significado de palabras que no conoces.

Busca evidencias en el texto

En la página 183 veo la palabra expandió, *pero no entiendo su significado. En la misma oración veo que la roca también creció. Sé que crecer significa "aumentar de tamaño". Pienso que* creció y expandió *son sinónimos y que tienen casi el mismo significado. Ahora sé que* expandió *significa que "aumentó de tamaño".*

La roca sobre la que estaban acostados creció y se expandió hasta alcanzar las nubes.

Tu turno

Busca los sinónimos de estas palabras en "Cuento de la oruga".
exhaustos, *página 183*
glorioso, *página 187*

Escribir acerca del texto

Páginas 182–187

Seguí la instrucción: *Añade un suceso a la historia. Describe lo que los niños le dijeron a Oruga cuando llegaron a la parte inferior de la roca.*

Nya

Ejemplo del estudiante:
Texto narrativo

Anant y Anika se sentían muy felices en casa. Se arrodillaron y dieron a Oruga un gran abrazo.

—¡Oh, Oruga, muchas gracias! —gritó Anant.

—Sin ti nunca hubiéramos podido hacer esto —añadió Anika—. ¿Cómo te podemos pagar?

Oruga pensó por un momento.

Diálogo
Usé diálogo para mostrar lo que sienten los personajes.

Tipos de oraciones
Incluí diferentes tipos de oraciones para que mi historia resultara más interesante.

—Fue un viaje muy largo. Tengo un poco de hambre. ¿Me podrían dar algunas hojas?—dijo luego.

Primero los niños dieron un brinco. Después juntaron hojas y las esparcieron alrededor de Oruga. Ella levantó la cabeza y sonrió.

Gramática

Este es un ejemplo de **verbo en infinitivo.**

Manual de gramática
página 480

Orden de los sucesos

Usé palabras que indican orden para indicar la secuencia de los sucesos.

Tu turno

Añade otro suceso a la historia. Cuenta lo que Oruga y los niños hicieron cuando una gran roca bloqueó el camino. ¿Cómo resolvieron el problema?

¡Conéctate!
Escribe tu respuesta en línea.
Usa tu lista de comprobación de edición.

Jago Silver

¿? **Pregunta esencial**

¿Cómo puede una persona cambiar tu manera de pensar?

¡Conéctate!

Jackie Robinson fue
el primer jugador
afroamericano de la Liga
Mayor de Béisbol.

© Bettmann/Corbis

194

SÉ DIFERENTE

El atleta Jackie Robinson fue una fuente de inspiración porque ayudó a eliminar los prejuicios raciales entre los jugadores de béisbol. Fue muy valiente y dio lo mejor de sí mismo.

► Las personas valientes sirven como guía a otros.

► Defienden sus ideas.

► Los líderes hacen la diferencia.

Coméntalo

Escribe lo que has aprendido sobre lo que es ser un líder. Habla con tu compañero o compañera de qué manera puedes hacer la diferencia.

John F. Kennedy, presidente de Estados Unidos

Jane Goodall, científica

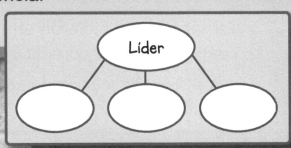

Vocabulario

Mira las fotos y lee las oraciones para comentar cada palabra con un compañero o una compañera.

espacioso

Me lleva tiempo juntar las hojas en mi jardín porque es **espacioso**.

¿Qué lugares espaciosos conoces?

humor

Mi hermana está de buen **humor**.

¿Qué cosas te ponen de buen humor?

líder

Abraham Lincoln fue un gran **líder**.

¿Qué otro gran líder conoces?

mueca

Tomás y Kevin hicieron una **mueca** cuando vieron la comida.

¿Qué tipos de muecas haces más a menudo?

sorprendente

Kris y Lauren vieron una película **sorprendente**.

¿Qué palabra significa lo mismo que sorprendente?

temeroso

Jaime, **temeroso**, habló frente a sus compañeros.

¿En qué momentos te sientes temeroso?

trampa

El oso corre peligro de caer en la **trampa**.

¿En qué lugares puedes hallar trampas?

valentía

Es necesaria mucha **valentía** para ser bombero.

¿Para qué otros trabajos es necesaria mucha valentía?

Tu turno

COLABORA

Elige tres palabras y escribe tres preguntas para tu compañero o compañera.

¡Conéctate! *Usa el glosario digital ilustrado.*

La unión y la fuerza

Sebastián Olaso

¿? Pregunta esencial

¿Cómo puede una persona cambiar tu manera de pensar?

Lee sobre cómo dos hermanos deciden cambiar a los niños de su barrio.

Sabrina Dieghi

A Marcos le gusta el nuevo vecindario. Ha encontrado a muchos niños de su edad que seguramente serán sus amigos. Hay un grupo de niños que juegan al fútbol en un terreno **espacioso** que está muy cerca de la escuela. Ayer, cuando lo vieron pasar, lo invitaron a jugar.

—Oye, tú, ¿eres nuevo aquí? —le dijo un niño que parecía el mayor del grupo. Probablemente ya había cumplido los nueve años. Quizás era el **líder**.

—Sí, nos mudamos hace una semana.

—¿Te gusta jugar al fútbol? ¿O prefieres matar el tiempo jugando videojuegos?

Marcos se acercó con timidez pero jugó bastante bien.

—¡He ganado la apuesta, muchachos! —dijo uno de los niños. Luego, con una sonrisa amigable, le dijo a Marcos que estaba contento de haber encontrado otro jugador para el equipo.

Cuando Marcos volvió a casa se dio cuenta de que se había olvidado de preguntar al niño líder qué apuesta había ganado.

Al día siguiente en la escuela, otros niños lo invitaron a jugar con videojuegos. Marcos está de muy buen **humor**, pues es **sorprendente** que en una semana ya haya hecho amigos nuevos. Seguro que su hermano mayor Daniel también está contento de haber venido a vivir aquí.

—¿Has visto qué vecindario fabuloso que tenemos, Daniel? —le pregunta Marcos a su hermano mayor—. Ayer he conocido a un grupo de niños con quien jugar al fútbol y hoy en la escuela ya tengo amigos con quien jugar videojuegos.

—Sí, sí... En realidad, más o menos... —dice Daniel con una **mueca** de desagrado.

—¿Por qué dices más o menos? ¡Todos son muy amigables!

—No tanto, Marcos. No tanto...

Entonces Daniel le cuenta que esta mañana se enteró de que los niños del vecindario están agrupados en dos bandos. Por un lado están los pataduras, que son los deportistas. Por otro lado están los flojos.

Sabrina Dieghi

—¿Qué quieres decir con los flojos?

Daniel le cuenta a Marcos que los flojos son los niños que juegan con las computadoras y escuchan rock. Los pataduras y los flojos no se juntan. No se hablan. No se respetan.

—Ayer estuve jugando al fútbol con unos niños. Ninguno me dijo que eran los pataduras. Tampoco me hablaron de los flojos.

—Claro, Marcos. Los deportistas les dicen flojos a los que disfrutan de los videojuegos y de la música. Y los de este grupo les dicen pataduras a los deportistas. Ninguno se llama de ese modo a sí mismo. En algún momento vas a tener que escoger porque no van a querer que seas de los dos bandos.

Ahora Marcos comprende que es como una **trampa**.

—En cuanto los pataduras se enteren de que soy amigo de los flojos, ya no querrán jugar al fútbol conmigo.

—Y en cuanto los flojos vean que te juntas con los pataduras, también te harán a un lado —dijo Daniel apenado.

Entonces, Daniel le cuenta a Marcos que ese es justamente su dilema. A él le gusta tocar la guitarra. Ha encontrado a algunos niños con los que podría formar una banda de rock. Pero estos niños creen

Sabrina Dieghi

que los deportistas son pataduras salvajes. Y a Daniel también le gusta jugar al fútbol. Conoce a unos niños con los que podría jugar, pero esos niños creen que los músicos son unos flojos sin remedio.

—Tú me enseñaste que lo importante es seguir tus instintos. Y respetar siempre a los demás —le dice Marcos.

—Sí, Marcos, pero aquí los niños de un grupo no respetan a los niños del otro grupo.

—Yo quisiera poder jugar al fútbol y a los videojuegos. No quisiera tener que escoger.

—No seamos **temerosos**. ¡Creo que si nos comportamos con **valentía**, vamos a lograr que todos se respeten! —dijo Daniel.

Los hermanos se abrazan emocionados. Juntos, tal vez, cambiarán la historia del vecindario y lucharán por la amistad y la tolerancia entre los niños.

¿? Haz conexiones

¿Cómo cambia Daniel la manera de pensar de Marcos? PREGUNTA ESENCIAL

¿Qué personas ayudaron a cambiar tu manera de pensar? EL TEXTO Y TÚ

Visualizar

Mientras lees "La unión y la fuerza", usa detalles en el texto que te ayudan a visualizar o a formar imágenes del nuevo vecindario de Marcos y Daniel.

Busca evidencias en el texto

¿Cómo es el nuevo vecindario? Usa los detalles de los primeros párrafos de la página 199.

página 199

A Marcos le gusta el nuevo vecindario. Ha encontrado a muchos niños de su edad que seguramente serán sus amigos. Hay un grupo de niños que juegan al fútbol en un terreno **espacioso** que está muy cerca de la escuela. Ayer, cuando lo vieron pasar, lo invitaron a jugar.

—Oye, tú, ¿eres nuevo aquí? —le dijo un niño que parecía el mayor del grupo. Probablemente ya había cumplido los nueve años. Quizás era el **líder**.

—Sí, nos mudamos hace una semana.

—¿Te gusta jugar al fútbol? ¿O prefieres matar el tiempo jugando videojuegos?

Marcos se acercó con timidez pero jugó bastante bien.

—¡He ganado la apuesta, muchachos! —dijo uno de los niños. Luego, con una sonrisa amigable, le dijo a Marcos que estaba contento de haber encontrado otro jugador para el equipo.

Leo que <u>hay un grupo de niños que juegan al fútbol en un terreno espacioso que está muy cerca de la escuela.</u> Estos detalles me ayudan a visualizar un vecindario con mucho espacio y muchos niños.

Tu turno

COLABORA

¿Cómo se siente Marcos en el nuevo vecindario? Vuelve a leer el cuento para visualizarlo y luego responde a la pregunta.

Causa y efecto

Los sucesos en un cuento tienen una causa y un efecto. Una causa es la razón por la cual sucede algo. Un efecto es la consecuencia. Hay palabras que te ayudan a identificar un efecto en un texto: *porque, pues, entonces* y *como resultado.*

Busca evidencias en el texto

En la página 200, leo que Marcos está de muy buen humor. Este es el efecto. Ahora necesito hallar la causa. Marcos está de muy buen humor pues ya ha hecho amigos nuevos. La causa y su efecto suceden en una secuencia. Uno es el resultado del otro.

Personaje	
Marcos y Daniel	
Ambiente	
una habitación en su casa	
Causa	Efecto
Marcos ha hecho amigos nuevos.	Marcos está de buen humor.
Causa	Efecto
Causa	Efecto

COLABORA

Tu turno

¿Cómo se siente el hermano de Marcos? Busca otros ejemplos de causa y efecto y escríbelos en el organizador gráfico.

¡Conéctate!
Usa el organizador gráfico interactivo.

Ficción realista

El cuento "La unión y la fuerza" es una **ficción realista**.
Sabemos que es una **ficción realista** porque:

- Es una historia imaginada por el autor.
- Tiene personajes, ambientes o sucesos que podrían existir en la vida real.
- Tiene un principio, un desarrollo y un final.

Busca evidencias en el texto

Sé que "La unión y la fuerza" es una ficción realista porque Marcos y Daniel podrían existir en el mundo real. Dicen y hacen cosas como los niños reales.

página 201

—¿Qué quieres decir con los flojos?

Daniel le cuenta a Marcos que los flojos son los niños que juegan con las computadoras y escuchan rock. Los pataduras y los flojos no se juntan. No se hablan. No se respetan.

—Ayer estuve jugando al fútbol con unos niños. Ninguno me dijo que eran los pataduras. Tampoco me hablaron de los flojos.

—Claro, Marcos. Los deportistas les dicen flojos a los que disfrutan de los videojuegos y de la música. Y los de este grupo les dicen pataduras a los deportistas. Ninguno se llama de ese modo a sí mismo. En algún momento vas a tener que escoger porque no van a querer que seas de los dos bandos.

201

Marcos y Daniel tienen un diálogo que podrían tener dos hermanos reales.

Las ilustraciones muestran detalles de la vida real.

COLABORA

Tu turno

Busca dos ejemplos que muestren que "La unión y la fuerza" es una ficción realista.

Modismos

Un modismo es una palabra o un grupo de palabras que en algunos contextos se usa con un significado diferente.

Busca evidencias en el texto

En la página 200, no entiendo qué significa *los pataduras.* Si sigo leyendo, puedo comprender que se trata de un modismo. Las claves del cuento me ayudan a comprender que este modismo significa "persona que es buena haciendo deportes".

Por un lado están *los pataduras,* que son los deportistas.

Tu turno

Usa las claves en las oraciones para hallar el significado de los siguientes modismos.

matar el tiempo, *página 199*

más o menos, *página 200*

Escribir acerca del texto

Páginas 198–203

Isabella

Seguí la instrucción: *Piensa en Marcos. Escribe una carta en la que diga a los niños del vecindario lo que piensa sobre la separación de los flojos y los pataduras.*

Ejemplo del estudiante:
Texto narrativo

Estimados flojos y pataduras:

Ayer me sentí muy feliz por poder jugar al fútbol con ustedes. También estaba contento porque pude divertirme jugando con los videojuegos. Las dos actividades me gustan mucho.

Sin embargo, después de tanta diversión, llegué a casa. Entonces

Narrador
Mi carta está escrita en primera persona, desde el punto de vista de Marcos.

Detalles descriptivos
Incluí datos del texto para explicar mis ideas.

Caterina Bernardi/Photdisc/Getty Images

me puse triste porque mi hermano

me contó que los dos grupos están

enfrentados. Me dijo que no se

juntan, no comparten nada, no

hablan y no se respetan.

    Sería bueno poder juntarnos

para hablar. Espero su respuesta.

    Sinceramente,

    Marcos

Palabras de enlace
Incluí palabras de enlace para conectar las ideas.

Gramática

Este es un ejemplo de **verbo regular en presente.**

Manual de gramática página 480

Tu turno

Escribe una carta desde el punto de vista de los flojos, contando por qué no se juntan con los pataduras.

¡Conéctate!
Escribe tu respuesta en línea.
Usa tu lista de comprobación de edición.

209

Sabrina Dieghi

¿? Pregunta esencial

¿Qué sabemos del planeta Tierra
y de sus vecinos en el espacio?

¡Conéctate!

Descubre
el universo

Mira el cielo. ¿Qué ves? Los astrónomos empezaron a aprender sobre la Tierra y sus vecinos observando el cielo.

► En la actualidad, los científicos usan telescopios, satélites y datos de los viajes al espacio para estudiar el universo.

► Hacen descubrimientos sobre la Tierra y el sistema solar todos los días.

Coméntalo

Escribe palabras relacionadas con el sistema solar. Comenta estos descubrimientos con un compañero o una compañera.

Sistema solar

Vocabulario

Mira las fotos y lee las oraciones para comentar cada palabra con un compañero o una compañera.

astronomía

Kia observa las estrellas cuando estudia **astronomía**.

¿Te gustaría aprender sobre astronomía?

cantidad

James bebió una buena **cantidad** de agua.

¿Cómo se mide una cantidad de líquido?

permitir

Mis padres me **permiten** ir a ver béisbol con mi tío.

¿Qué palabra significa lo mismo que permitir?

rocoso

Los niños encendieron el fuego sobre una superficie **rocosa**.

¿Conoces algún lugar rocoso?

Si el Sol pudiera hablar, diría: "¡Mírenme! ¡Observen mis manchas solares! ¡Doy mucho calor!". Sin el Sol, la Tierra sería un planeta frío y oscuro. ¿Cómo lo sabemos?

Gracias al astrónomo Galileo, sabemos muchísimo acerca del Sol y del resto de nuestro **sistema solar**.

Telescopios con la vista en el cielo

Galileo no inventó el telescopio. Sin embargo, hace 400 años construyó uno tan bueno que le sirvió para estudiar el cielo. Cuando Galileo observó el espacio, pudo ver la superficie **rocosa** de la Luna. Cuando miró el Sol, descubrió manchas en su superficie ardiente.

La Luna es nuestro vecino más próximo.

(bkgd) Ian McKinnell/Photographer's Choice/Getty Images; (b) StockTrek/Photodisc/Getty Images

La **astronomía** es el estudio del espacio, y comenzó con un telescopio muy sencillo. Pero los astrónomos querían mirar el cielo con más detalle. Entonces, construyeron telescopios más grandes que **permitían** ver más lejos que el de Galileo. Los astrónomos tenían muchas preguntas sin respuesta.

Satélites: un paso más

En 1958, los científicos lanzaron exitosamente al espacio el Explorer 1, el primer satélite estadounidense.

Al poco tiempo, había muchos satélites circulando alrededor del globo **terráqueo**. Tomaban fotografías de la Tierra, la Luna, las estrellas y otros planetas. Recogían una gran **cantidad** de información. Los satélites hasta llevaban un registro de la **temperatura** del planeta Saturno.

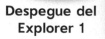

Despegue del Explorer 1

Los científicos aprendieron sobre el sistema solar gracias a los satélites. Por eso, siguieron enviándolos al espacio. Pronto hubo cientos de ellos haciendo descubrimientos asombrosos, pero los astrónomos querían saber más. Entonces, buscaron la manera de enviar al hombre a la Luna.

Un salto gigantesco

En 1961, Alan Shepard se convirtió en el primer astronauta de Estados Unidos. Salió hacia el espacio en un cohete, dio la vuelta a la Tierra y regresó. Su corto viaje fue un gran éxito porque demostró que se podía llegar al espacio.

Después de Shepard, viajaron al espacio más astronautas. Algunos giraron alrededor de la Tierra. Otros caminaron sobre la **superficie** polvorienta e irregular de la Luna. Allí tomaron fotografías y recogieron rocas. Buscaban respuestas a preguntas importantes. ¿El calor del Sol calentaba la Luna? ¿Podría haber vida en la Luna algún día?

El astronauta Edwin "Buzz" Aldrin camina hacia el módulo lunar. Aldrin dejó sus huellas en la Luna.

Aldrin trajo esta roca de la Luna.

(l) © Roger Ressmeyer/Corbis; (r) NASA-JSC

Los científicos estudiaron las fotografías y las rocas de la Luna que trajeron los astronautas. Hicieron descubrimientos impresionantes con telescopios y satélites. Pero no era suficiente. Los científicos querían conocer mejor otros planetas.

Hubble: más allá del sistema solar

Los científicos crearon otro telescopio gigantesco: el telescopio espacial Hubble, que fue lanzado en 1990. Todavía está girando alrededor de la Tierra. Toma fotografías claras y en primer plano de estrellas y planetas. Luego, envía información increíble a la Tierra. Hubble ayuda a los científicos a estudiar la Tierra y sus vecinos. También les sirve a los astrónomos para ver planetas que no son del sistema solar.

El telescopio Hubble tarda 96 minutos en girar alrededor de la Tierra.

Más descubrimientos todos los días

Los científicos siguen haciéndose preguntas sobre la Tierra y sus vecinos en el espacio. Con ayuda de satélites, telescopios y astronautas continuarán explorando para hallar respuestas.

¿Qué puedo ver?

Con los ojos	Con un telescopio sencillo	Con el telescopio Hubble
La Luna	Cráteres en la Luna	Planetas que están fuera del **sistema solar**
El Sol	Manchas solares	Estrellas más grandes que el Sol, muchísimo más lejanas
Marte	Nubes alrededor de Júpiter	La superficie de Júpiter

Foto de la explosión de una estrella tomada por el telescopio Hubble

 ## Haz conexiones

¿De qué modo hemos aprendido sobre la Tierra y sus vecinos en el espacio? PREGUNTA ESENCIAL

¿Qué ves cuando miras el cielo? EL TEXTO Y TÚ

Resumir

Cuando resumes, cuentas las ideas y los detalles más importantes de un texto. Busca las ideas y detalles para resumir "La Tierra y sus vecinos".

Busca evidencias en el texto

¿Por qué los telescopios nos sirven para aprender sobre el espacio? Identifica ideas y detalles importantes y resúmelos con tus propias palabras.

> **página 215**
>
> calor!". Sin el Sol, la Tierra sería un planeta frío y oscuro. ¿Cómo lo sabemos?
>
> Gracias al astrónomo Galileo, sabemos muchísimo acerca del Sol y del resto de nuestro **sistema solar**.
>
> **Telescopios con la vista en el cielo**
>
> Galileo no inventó el telescopio. Sin embargo, hace 400 años construyó uno tan bueno que le sirvió para estudiar el cielo. Cuando Galileo observó el espacio, pudo ver la superficie **rocosa** de la Luna. Cuando miró el Sol, descubrió manchas en su superficie ardiente.

Leo que Galileo construyó un telescopio. Descubrió manchas solares y vio la superficie de la Luna. Los detalles me ayudan a resumir. Los telescopios les sirven a los científicos para aprender más sobre el espacio.

Tu turno

COLABORA

Vuelve a leer "Satélites: un paso más" en la página 216. Busca las ideas y los detalles importantes sobre los satélites.

Idea principal y detalles clave

La idea principal es el punto más importante que un autor quiere destacar sobre un tema. Los detalles clave apoyan la idea principal.

Busca evidencias en el texto

Puedo volver a leer y buscar detalles importantes sobre los satélites. Luego, descubro qué tienen en común estos detalles para hallar cuál es la idea principal.

Idea principal
Detalle
Los satélites toman fotografías de la Tierra, la Luna, las estrellas y los planetas.
Detalle
Detalle

Tu turno

COLABORA

Vuelve a leer el texto. Busca más detalles clave sobre los satélites para descubrir la idea principal. Completa el organizador gráfico.

¡Conéctate!
Usa el organizador gráfico interactivo.

Texto expositivo

"La Tierra y sus vecinos" es un texto expositivo.

El **texto expositivo:**

- Presenta datos e información sobre un tema.
- Tiene características del texto, como títulos, palabras clave y tablas.

 Busca evidencias en el texto

Puedo saber que "La Tierra y sus vecinos" es un texto expositivo porque presenta datos e información sobre telescopios, satélites y el espacio. Tiene títulos, palabras clave y una tabla.

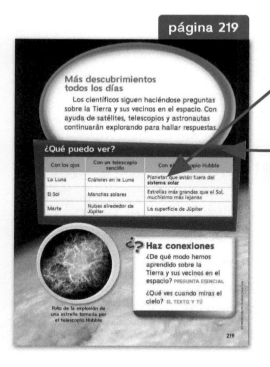

página 219

Más descubrimientos todos los días

Los científicos siguen haciéndose preguntas sobre la Tierra y sus vecinos en el espacio. Con ayuda de satélites, telescopios y astronautas continuarán explorando para hallar respuestas.

¿Qué puedo ver?

Con los ojos	Con un telescopio sencillo	Con el telescopio Hubble
La Luna	Cráteres en la Luna	Planetas que están fuera del sistema solar
El Sol	Manchas solares	Estrellas más grandes que el Sol, muchísimo más lejanas
Marte	Nubes alrededor de Júpiter	La superficie de Júpiter

Haz conexiones

¿De qué modo hemos aprendido sobre la Tierra y sus vecinos en el espacio? PREGUNTA ESENCIAL

¿Qué ves cuando miras el cielo? EL TEXTO Y TÚ

Foto de la explosión de una estrella tomada por el telescopio Hubble

219

Características del texto

Palabras clave Las palabras clave son palabras importantes del texto.

Tabla Una tabla es una lista de datos ordenados en filas y columnas a lo largo de una página.

Tu turno

COLABORA

Observa la tabla de la página 219. Señala en qué se diferencia el telescopio Hubble de un telescopio sencillo.

Sufijos

Un sufijo es la parte de una palabra que se agrega al final y cambia su significado. El sufijo *-oso, osa* significa "lleno de". El sufijo *-nte* significa "que produce algo".

Busca evidencias en el texto

En la página 215 veo la palabra rocosa, *que tiene el sufijo* -osa. *Sé que el sufijo* -osa *significa "lleno de". Entonces, la palabra* rocosa *debe significar "llena de rocas".*

Cuando Galileo observó el espacio, observó la superficie rocosa de la Luna.

Tu turno

Identifica el sufijo en cada palabra para descubrir su significado.

asombrosos, *página 216*
exitosamente, *página 216*
impresionantes, *página 218*

Escribir acerca del texto

Páginas 214–219

Noah

Respondí la pregunta: *¿De qué manera ayuda la secuencia a explicar mejor lo que los científicos han aprendido sobre el sistema solar?*

Ejemplo del estudiante:
Texto informativo

Idea Principal
En la primera oración expreso la idea principal de mi texto.

Párrafos consistentes
Incluí hechos y detalles para apoyar la idea principal del texto.

El autor describe una secuencia de sucesos para mostrar de qué manera los científicos han aprendido sobre el sistema solar. Primero, leí que Galileo construyó un poderoso telescopio hace 400 años para estudiar la Luna y el Sol. Luego, los científicos construyeron telescopios más grandes y mandaron satélites

Manual de gramática
página 480

al espacio. En la actualidad, el

telescopio espacial Hubble cumple

una misión importante enviando

fotos desde el espacio. Leer estos

sucesos en orden me ayudó a

entender cómo los científicos

fueron aprendiendo cada vez más

sobre el espacio.

Buen final
Finalicé resumiendo lo que aprendí de la lectura.

Tu turno

¿Qué añaden al texto las fotografías y los pies de fotos? Incluye detalles del texto en tu respuesta.

¡Conéctate!
Escribe tu respuesta en línea.
Usa tu lista de comprobación de edición.

Pregunta esencial

¿Qué ideas sacamos de la naturaleza?

¡Conéctate!

IDEAS DE LA NATURALEZA

Esta araña es pequeña, pero inspira grandes ideas. Sus telarañas son muy fuertes y los científicos quieren saber por qué.

► Los científicos observan la naturaleza para sacar ideas.

► Estas ideas ayudan a las personas de diferentes modos.

Coméntalo

Comenta en pareja cómo la naturaleza nos inspira y escribe tus ideas.

Naturaleza

Vocabulario

Mira las fotos y lee las oraciones para comentar cada palabra con un compañero o una compañera.

copiar

Estos robots pueden **copiar** nuestros movimientos.

Nombra animales que puedan copiar a las personas.

efectivo

Esta escoba es muy **efectiva** para barrer la tierra y las hojas.

¿Qué instrumento es efectivo para cortar papel?

ejemplo

La manzana es un buen **ejemplo** de fruta saludable.

Nombra un ejemplo de verdura saludable.

idéntico

Mark y Matt son **idénticos** porque son gemelos.

¿Qué hace que dos cosas sean idénticas?

material

La manta del bebé está hecha de un **material** suave y cálido.

Describe el material de la ropa que llevas.

modelo

Kevin y yo jugamos con mi nuevo **modelo** de avión.

¿Qué otros modelos conoces?

observar

Meg **observó** los peces y escribió notas con su compañera.

¿Qué palabra significa lo mismo que observar?

similar

Mi papá me regaló una camisa **similar** a la suya.

¿Qué palabra significa lo opuesto a similar?

COLABORA

Tu turno

Elige tres palabras y escribe tres preguntas para tu compañero o compañera.

¡Conéctate! *Usa el glosario digital ilustrado.*

LOS MURCIÉLAGOS FUERON LOS PRIMEROS

(bkgd)©Radius Images/Alamy; (inset)Ewen Charlton/Moment/Getty Images

¿? Pregunta esencial

¿Qué ideas sacamos de la naturaleza?

Lee sobre cómo los murciélagos inspiraron un bastón para personas ciegas.

La naturaleza está llena de ideas maravillosas. Muchos inventores y científicos simplemente salen al aire libre y observan a su alrededor en busca de inspiración e ideas. Ellos suelen imitar, o **copiar**, lo que ven afuera. La naturaleza inspira sus inventos.

Los murciélagos inspiraron un invento asombroso. Se trata de un bastón especial con el que las personas ciegas pueden desplazarse.

Este muchacho es ciego y usa un bastón especial para trasladarse.

Patrick Somelet/Photononstop/GlowImages

Los bastones marcan el camino

Muchas personas ciegas usan bastones. Tocan el suelo con el bastón para ubicar objetos que están en el camino. Así pueden trasladarse sin problemas mientras hacen las compras o dan un paseo.

El bastón inspirado en los murciélagos es diferente. Emite ondas sonoras, o sonidos. Estos sonidos son casi **idénticos** a los que usan los murciélagos para moverse en la oscuridad.

Cómo se trasladan los murciélagos

El científico a quien se le ocurrió la idea de crear este nuevo bastón se inspiró en los murciélagos. **Observó** la manera en que estos vuelan por la noche. Los murciélagos emiten sonidos muy agudos que los seres humanos no podemos oír. Esos sonidos crean un increíble sistema de navegación para los murciélagos. Así es como funciona.

Los murciélagos emiten ondas sonoras por la boca o la nariz. Estas ondas sonoras chocan contra los objetos y rebotan en forma de eco. El eco les indica la distancia a la que está el objeto y el tamaño que tiene. Los murciélagos usan esa información para encontrar insectos y alimentarse. También, es una manera **efectiva** de evitar que choquen contra los árboles o contra otros murciélagos.

Cómo usa las ondas sonoras un murciélago

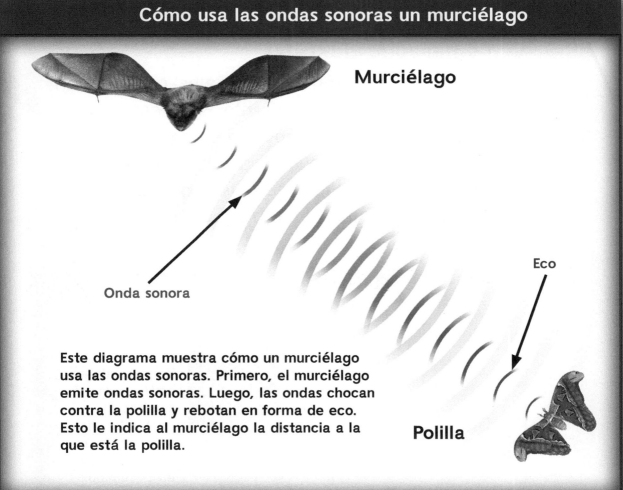

Murciélago

Onda sonora

Eco

Este diagrama muestra cómo un murciélago usa las ondas sonoras. Primero, el murciélago emite ondas sonoras. Luego, las ondas chocan contra la polilla y rebotan en forma de eco. Esto le indica al murciélago la distancia a la que está la polilla.

Polilla

Una idea resonante

El científico que inventó el nuevo bastón se basó en lo que había aprendido al observar murciélagos y usó una idea **similar**. Comenzó con un bastón blanco común. Quería que el bastón imitara la manera en que los murciélagos usan las ondas sonoras. Entonces, hizo unos borradores y creó un **modelo** de su invento. Cuando construyó el bastón, usó un **material** especial que era liviano y resistente. Luego añadió ondas sonoras. Por último, un equipo de científicos probó el bastón. ¡Y funcionó!

Cómo funciona el bastón

El mango del bastón emite señales, que rebotan en los objetos que tiene enfrente. Entonces se produce un eco que se siente en el mango del bastón. La persona que lo lleva siente que vibran los botones que tiene el mango. Estos botones indican a qué distancia está el objeto y cuál es su tamaño.

El bastón inspirado en los murciélagos

Onda sonora

Bastón

Eco

Buzón

Este bastón inspirado en los murciélagos emite ondas sonoras. El bastón le avisa al hombre que hay un objeto en el camino.

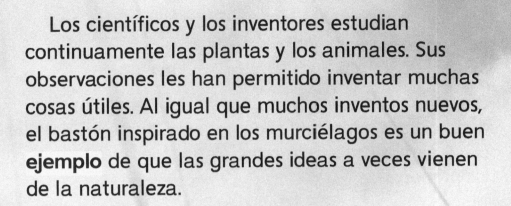

Los científicos y los inventores estudian continuamente las plantas y los animales. Sus observaciones les han permitido inventar muchas cosas útiles. Al igual que muchos inventos nuevos, el bastón inspirado en los murciélagos es un buen **ejemplo** de que las grandes ideas a veces vienen de la naturaleza.

Este científico está estudiando cómo vuelan los murciélagos.

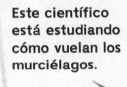

¿? Haz conexiones

¿Por qué los murciélagos sirvieron de inspiración para la creación de un bastón? PREGUNTA ESENCIAL

¿Qué elemento de la naturaleza te inspira? ¿Qué te gustaría inventar? EL TEXTO Y TÚ

Resumir

Cuando resumes, vuelves a contar las ideas y los detalles más importantes de un texto. Busca los detalles clave para resumir "Los murciélagos fueron los primeros".

 Busca evidencias en el texto

¿Cómo se le ocurrió a un científico inventar el nuevo tipo de bastón? Identifica las ideas y los detalles clave y resúmelos con tus propias palabras.

página 232

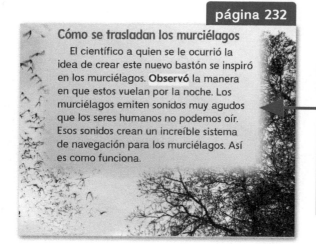

Cómo se trasladan los murciélagos

El científico a quien se le ocurrió la idea de crear este nuevo bastón se inspiró en los murciélagos. **Observó** la manera en que estos vuelan por la noche. Los murciélagos emiten sonidos muy agudos que los seres humanos no podemos oír. Esos sonidos crean un increíble sistema de navegación para los murciélagos. Así es como funciona.

Leo que <u>a un científico se le ocurrió una idea para crear un bastón nuevo. Observó que los murciélagos usan ondas sonoras para trasladarse por la noche.</u> Estos detalles me ayudan a resumir.

Tu turno

Vuelve a leer la sección "Cómo funciona el bastón" en la página 234. Haz un resumen usando las ideas y los detalles clave.

Idea principal y detalles clave

La idea principal es el punto más importante que un autor quiere destacar sobre un tema. Los detalles clave apoyan la idea principal. Identifica los detalles para descubrir cuál es la idea principal.

 Busca evidencias en el texto

¿Qué detalles describen cómo vuelan los murciélagos por la noche? Puedo volver a leer la página 233 para buscar detalles clave. Luego puedo identificar qué tienen en común para hallar la idea principal.

Idea principal
Detalle Los murciélagos emiten sonidos agudos por la boca y la nariz.
Detalle Las ondas sonoras chocan contra los objetos y rebotan en forma de eco.
Detalle

Tu turno

Vuelve a leer. Busca más detalles clave sobre el vuelo de los murciélagos y escríbelos en tu organizador gráfico. ¿Cuál es la idea principal?

Conéctate
Usa el organizador gráfico interactivo.

Texto expositivo

"Los murciélagos fueron los primeros" es un texto expositivo. El **texto expositivo**:

- Presenta datos e información sobre un tema.
- Incluye características de texto, como fotografías, pies de foto y diagramas.

Busca evidencias en el texto

Sé que "Los murciélagos fueron los primeros" es un texto expositivo. Tiene fotografías con pies de foto y un diagrama que muestra cómo vuelan los murciélagos por la noche.

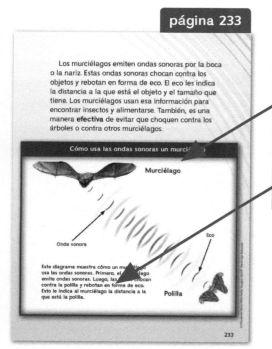

página 233

Los murciélagos emiten ondas sonoras por la boca o la nariz. Estas ondas sonoras chocan contra los objetos y rebotan en forma de eco. El eco les indica la distancia a la que está el objeto y el tamaño que tiene. Los murciélagos usan esa información para encontrar insectos y alimentarse. También, es una manera **efectiva** de evitar que choquen contra los árboles o contra otros murciélagos.

Cómo usa las ondas sonoras un murciélago

Murciélago

Onda sonora

Eco

Este diagrama muestra cómo un murciélago usa las ondas sonoras. Primero, el murciélago emite ondas sonoras. Luego, las ondas chocan contra la polilla y rebotan en forma de eco. Esto le indica al murciélago la distancia a la que está la polilla.

Polilla

233

Características del texto

Diagrama Es un dibujo que da más información sobre el texto. Los rótulos nombran las partes del diagrama.

Pie de foto Da información sobre una fotografía o un diagrama.

COLABORA

Tu turno

Observa el diagrama de la página 233. ¿Cómo encuentran los murciélagos su alimento?

Raíces de palabras

La raíz es la forma más simple de una palabra. Si identificas la raíz, puedes descubrir el significado de palabras desconocidas.

 Busca evidencias en el texto

En "Los murciélagos fueron los primeros" veo la palabra información. *Sé que la raíz de la palabra* información *es* inform-. *También sé que* informar *significa "dar a conocer algo". Una* información *es "algo que se dio a conocer".*

> Los murciélagos usan esa información para encontrar insectos y alimentarse.

Tu turno

Identifica la raíz de cada palabra para descubrir su significado.

inspiración, *página 231*
navegación, *página 232*

Ewen Charlton/Moment/Getty Images

Escribir acerca del texto

Páginas 230–235

Aisha

Respondí la pregunta: *¿Por qué el nuevo bastón diseñado por el científico es mejor que los modelos anteriores?*

Ejemplo del estudiante:
Texto informativo

El nuevo bastón es mejor que los anteriores porque emite señales para indicar a las personas ciegas a qué distancia están los objetos. Los modelos antiguos no podían hacer esto. Estas señales son como las que envían los murciélagos para ayudarse a cazar en la oscuridad. Cuando las señales del bastón

Oración temática
Incluí la idea principal en mi primera oración.

Detalles de apoyo
Incluí evidencias del texto para desarrollar el tema de mi párrafo.

rebotan contra los objetos, los botones que están en el mango vibran. De ese modo, avisa que hay un objeto allí. El antiguo diseño ayudó a muchas personas, pero era más limitado. El diseño nuevo hará que las personas ciegas caminen más seguras.

Gramática

Este es un ejemplo de **verbo regular en pretérito.**

Manual de gramática página 480

Buen final
En la última oración vuelvo a contar la idea principal, con diferentes palabras.

Tu turno

¿De qué manera el autor nos ayuda a comprender lo que son las ondas sonoras? Usa detalles del texto.

¡Conéctate!
Escribe tu respuesta en línea.
Usa tu lista de comprobación de edición.

 Pregunta esencial

¿Qué hace que un suceso histórico sea único?

 ¡Conéctate!

242

© Corbis

La historia vive

Cristóbal Colón navegó hasta América en 1492. Hoy existen personas que recrean ese viaje histórico. Revivir sucesos del pasado es una manera de recordar y comprender lo que sucedió.

▶ La historia está llena de sucesos únicos.

▶ Revivir la historia nos ayuda a apreciar lo difícil que era viajar en otras épocas.

Coméntalo

Piensa en un momento histórico en el cual las personas viajaron de un lugar a otro. Comenta en pareja por qué ese suceso es único.

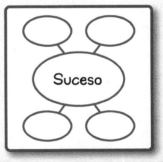

Vocabulario

Mira las fotos y lee las oraciones para comentar cada palabra con un compañero o una compañera.

apreciar

Inés y Juana **aprecian** todo lo que su abuela hace por ellas.

¿Cómo muestras a las personas que las aprecias?

descendiente

Ann y su familia son **descendientes** de asiáticos.

¿Qué son los descendientes?

explosión demográfica

En China hay una **explosión demográfica**.

¿Qué significa explosión demográfica?

inmigración

La **inmigración** es difícil pero a veces es necesaria.

Nombra algunas razones para la inmigración.

pionero

En 1843, los **pioneros** cruzaron el país en carromatos.

¿Por qué cruzaron el país los pioneros?

placentero

Para Lori el frío del invierno es agradable y **placentero**.

¿Cuál es la estación más placentera para ti?

transporte

El tren es el medio de **transporte** preferido por muchas personas.

Nombra otro medio de transporte.

vehículo

Estos **vehículos** están en un estacionamiento.

¿En qué clase de vehículo vas a la escuela?

COLABORA

Tu turno

Elige tres palabras y escribe tres preguntas para tu compañero o compañera.

¡Conéctate! *Usa el glosario digital ilustrado.*

(t) Phil Schermeister/National Geographic/Getty Images; (tc) Caroline Woodham/Photographer's Choice RF/Getty Images; (bc) Medioimages/Photodisc/Getty Images; (b) Philip and Karen Smith/Iconica/Getty Images

¿? Pregunta esencial

¿Qué hace que un suceso histórico sea único?

Lee acerca de los pioneros y su viaje a Oregón.

Los pioneros cruzaron Estados Unidos en carromatos como este.

Greg Ryan/Alamy

246

Camino a Oregón

En la primavera de 1843, más de 800 **pioneros** comenzaron un viaje desde Independence (Missouri) hacia la ciudad de Oregón (Oregón). Tenían 120 carromatos y 5,000 cabezas de ganado. Fue uno de los primeros viajes en carromato por el camino de Oregón.

Tierra de promesas

En el siglo XIX, la vida era muy difícil en Missouri. Por el mal tiempo, se perdieron las cosechas. Las tiendas cerraron. Entonces, muchas personas se quedaron sin trabajo.

Los estadounidenses querían llevar una vida más agradable. Querían vivir en un lugar con suelo más fértil y clima más **placentero**.

El gobierno de Estados Unidos dio gratuitamente tierras a los pioneros. Miles de personas viajaron hacia el oeste, hasta Oregón, ubicado en el noroeste del país.

Este mapa muestra el camino de Oregón en 1843.

El camino de Oregón

Ciudad de Oregón

REGIÓN DE OREGÓN

TERRITORIO SIN ORGANIZAR

IOWA

Independence

MISSOURI

TERRITORIO MEXICANO

REFERENCIAS
— Camino
• Ciudades

REPÚBLICA DE TEXAS

247

Prepararse para partir

Los pioneros sabían que la **inmigración** no sería nada fácil. Para llegar a Oregón, debían viajar más de 2,000 millas por caminos polvorientos y desiguales durante cinco meses. Tenían que estar bien preparados.

Primero juntaron vacas y gallinas. Luego empacaron muchas libras de alimentos, utensilios para cocinar, herramientas y semillas.

Los carromatos eran el principal medio de **transporte** en el camino de Oregón. Llevaban todas las cosas necesarias para una familia. No había espacio disponible para mucho más. Por eso, los niños no pudieron llevar libros ni juguetes y dejaron la mayor parte de su ropa.

Un viaje largo y difícil

Les llevó semanas planear el viaje y empacar. Primero, las familias debían enganchar un grupo de bueyes a su carromato. Estos eran animales fuertes y confiables que podían arrastrar los pesados **vehículos**. Luego, las familias se reunían con otras.

Los carromatos que viajaban juntos formaban una caravana. Los niños y los adultos saludables iban caminando. Los que estaban enfermos o cansados, viajaban en los carromatos.

El agua sucia, las enfermedades y las fuertes tormentas de polvo hacían del viaje todo un desafío. Pero los pioneros estaban convencidos. Y gracias a eso, finalmente llegaron a Oregón, su nuevo hogar.

La recreación de este suceso histórico muestra una caravana de carromatos en el camino de Oregón.

Una vida nueva

Cuando los pioneros llegaron a Oregón, limpiaron el terreno, construyeron casas y cultivaron el suelo. Con la llegada de más inmigrantes crecían las ciudades. Gracias a la **explosión demográfica**, se abrían tiendas y restaurantes. Los negocios eran un éxito. Los pioneros trabajaron sin descanso para que las ciudades crecieran. Habían hallado una vida mejor.

Muchos de los habitantes actuales de Oregón son **descendientes** de los pioneros que viajaron hacia el oeste entre 1840 y 1880. Ellos **aprecian** el trabajo y la valentía de sus parientes. Y están agradecidos por el camino de Oregón.

¡Conoce tu historia!

La historia es el estudio de las personas y los sucesos del pasado. Es importante conocer el pasado de nuestro país. Cuando aprendemos historia apreciamos más nuestro país y a quienes contribuyeron a construirlo.

Una manera de aprender historia es leer los relatos de los valientes que la vivieron. Puedes leer diarios de pioneros o biografías de exploradores. ¡Son más fascinantes que una película o un programa de televisión!

Aún se pueden ver algunos tramos del camino de Oregón.

Haz conexiones

¿Por qué la inmigración de Oregón fue un hecho histórico único?
PREGUNTA ESENCIAL

¿Cuál es tu suceso histórico favorito? Explica por qué. EL TEXTO Y TÚ

(r) Oleksiy Maksymenko/Alamy; (cr) Nik Wheeler/Alamy

Resumir

Cuando resumes, cuentas las ideas y los detalles más importantes de un texto con tus propias palabras. Identifica los detalles clave para resumir "Camino a Oregón".

Busca evidencias en el texto

¿Por qué los pioneros abandonaron Missouri y viajaron hasta Oregón? Vuelve a leer la página 247. Busca los detalles y decide cuáles son más importantes. Luego resume el texto con tus propias palabras.

página 247

En la primavera de 1843, más de 800 **pioneros** comenzaron un viaje desde Independence (Missouri) hacia la ciudad de Oregón (Oregón). Tenían 120 carromatos y 5,000 cabezas de ganado. Fue uno de los primeros viajes en carromato por el camino de Oregón.

Tierra de promesas
En el siglo XIX, la vida era muy difícil en Missouri. Por el mal tiempo, se perdieron las cosechas. Las tiendas cerraron.

Entonces, muchas personas se quedaron sin trabajo.

Los estadounidenses querían llevar una vida más agradable. Querían vivir en un lugar con suelo más fértil y clima más **placentero**.

El gobierno de Estados Unidos dio gratuitamente tierras a los pioneros. Miles de personas viajaron hacia el oeste, hasta Oregón, ubicado en el noroeste del país.

Leo que <u>se perdieron las cosechas, que cerraron tiendas y que las personas no tenían trabajo. El clima y el suelo eran mejores en Oregón.</u> Estos detalles me sirven para resumir. Los pioneros se fueron de Missouri porque vivir allí era difícil.

Tu turno

COLABORA

Vuelve a leer "Una vida nueva". Busca los detalles clave y úsalos para resumir el texto con tus propias palabras.

Secuencia

La secuencia es el orden en que ocurren los sucesos.
Busca palabras y frases que indiquen orden cronológico.
Por ejemplo: *primero, luego, después, más tarde*
y *por último*.

Busca evidencias en el texto

En "Camino a Oregón", los sucesos se presentan en
orden cronológico. Era difícil vivir en Missouri en el
siglo XIX y el gobierno de Estados Unidos estaba dando
terrenos gratuitamente. Ese es el primer suceso.

Suceso

El gobierno regaló terrenos en
Oregón y los pioneros marcharon
hacia el oeste.

↓

Primero, los pioneros juntaron
vacas y gallinas.

↓

Luego, empacaron alimentos,
utensilios, herramientas y semillas.

↓

↓

Tu turno COLABORA

Vuelve a leer "Una vida
nueva". ¿Qué sucedió
cuando llegaron a
Oregón? Completa tu
organizador gráfico con
detalles de los sucesos en
orden. Busca palabras de
enlace como ayuda.

¡Conéctate!
Usa el organizador gráfico interactivo.

Texto expositivo

"Camino a Oregón" es un texto expositivo.
El **texto expositivo:**

- Trata temas de estudios sociales o historia.
- Tiene títulos y notas al margen.
- Incluye fotos, pies de foto o mapas.

Busca evidencias en el texto

Sé que "Camino a Oregón" es un texto expositivo porque da información sobre el camino de Oregón. Tiene títulos, fotos, pies de foto y un mapa.

página 249

Una vida nueva

Cuando los pioneros llegaron a Oregón, limpiaron el terreno, construyeron casas y cultivaron el suelo. Con la llegada de más inmigrantes crecían las ciudades. Gracias a la **explosión demográfica**, se abrían tiendas y restaurantes. Los negocios eran un éxito. Los pioneros trabajaron sin descanso para que las ciudades crecieran. Habían hallado una vida mejor.

Muchos de los habitantes actuales de Oregón son **descendientes** de los pioneros que viajaron hacia el oeste entre 1840 y 1880. Ellos **aprecian** el trabajo y la valentía de sus parientes. Y están agradecidos por el camino de Oregón.

TIME

¡Conoce tu historia!
La historia es el estudio de las personas y los sucesos del pasado. Es importante conocer el pasado de nuestro país. Cuando aprendemos historia apreciamos más nuestro país y a quienes contribuyeron a construirlo.

Una manera de aprender historia es leer los relatos de los valientes que la vivieron. Puedes leer diarios de pioneros o biografías de exploradores. ¡Son más fascinantes que una película o un programa de televisión!

Aún se pueden ver algunos tramos del camino de Oregón.

Haz conexiones
¿Por qué la inmigración de Oregón fue un hecho histórico único?
PREGUNTA ESENCIAL
¿Cuál es tu suceso histórico favorito? Explica por qué. EL TEXTO Y TÚ

249

Características del texto

Notas al margen Presenta la opinión del autor.

Fotografías y pies de foto Brindan datos y detalles adicionales.

COLABORA

Tu turno

Vuelve a leer la nota al margen de la página 249. Comenta en pareja cuál es la opinión del autor.

Sufijos

Un sufijo es la parte de una palabra que se agrega al final para cambiar su significado. El sufijo *-ble (-able/-ible)* significa "que es o puede ser".

 Busca evidencias en el texto

Veo la palabra agradable *en la página 247.* Agradable *tiene la misma raíz que* agradar. *Sé que* agradar *significa "gustar". El sufijo* -able *significa "que es o puede ser". Creo que la palabra* agradable *significa "que gusta".*

> Los estadounidenses querían llevar una vida más agradable.

Tu turno

Usa los sufijos para descubrir el significado de estas palabras.

disponible, *página 248*
confiables, *página 248*

Escribir acerca del texto

Páginas 246-249

Micco

Respondí la pregunta: *En tu opinión, ¿el autor hace un buen trabajo al describir el viaje de los pioneros a Oregón?*

Ejemplo del estudiante:
Texto de opinión

Opinión
Presenté el tema, expresando claramente mi opinión.

Voz formal
Usé un estilo de escritura formal. Escribí oraciones completas y utilicé correctamente la gramática.

Pienso que el autor hace un muy buen trabajo describiendo el viaje de los pioneros por el camino de Oregón. Da muchos detalles para mostrarnos lo difícil que fue ese viaje. Durante cinco meses tuvieron que recorrer más de 2,000 millas. Un grupo de bueyes tiraba de los carromatos por caminos polvorientos. El

Kali Nine LLC/iStock/360/Getty Images

254

Gramática

Este es un ejemplo de **verbo regular en pretérito**

Manual de gramática página 480

autor también explica que los

pioneros debieron caminar porque

los carromatos estaban llenos.

Describe los problemas que tuvieron

que superar, como las tormentas de

polvo y el agua sucia. Estos detalles

me ayudaron a visualizar el largo y

dificultoso viaje.

Detalles de apoyo
Incluí hechos que apoyan mi opinión.

Tu turno

En tu opinión, ¿crees que valió la pena mudarse a Oregón en el 1800? Incluye detalles del texto en tu respuesta.

¡Conéctate!
Escribe tu respuesta en línea.
Usa tu lista de comprobación de edición.

Vence obstáculos

La gran idea

¿Cómo logramos nuestras metas venciendo obstáculos?

El Barquito

La tarde no se quería ir.
Todo era agua, agua, agua.

—El niño reía—
Soltó el barco de vela;
de su boca brotó el viento
y comenzó a navegar.

Se iba, se iba, se iba,
sus ojitos detrás del barco
y él dentro,
soñando, cantando
hasta que se hundió.

Una hoja más del cuaderno
y continuó su viaje
en otro barquito de papel.

Humberto Ak'abal

Pregunta esencial

¿Qué elección es mejor para nosotros?

¡Conéctate!

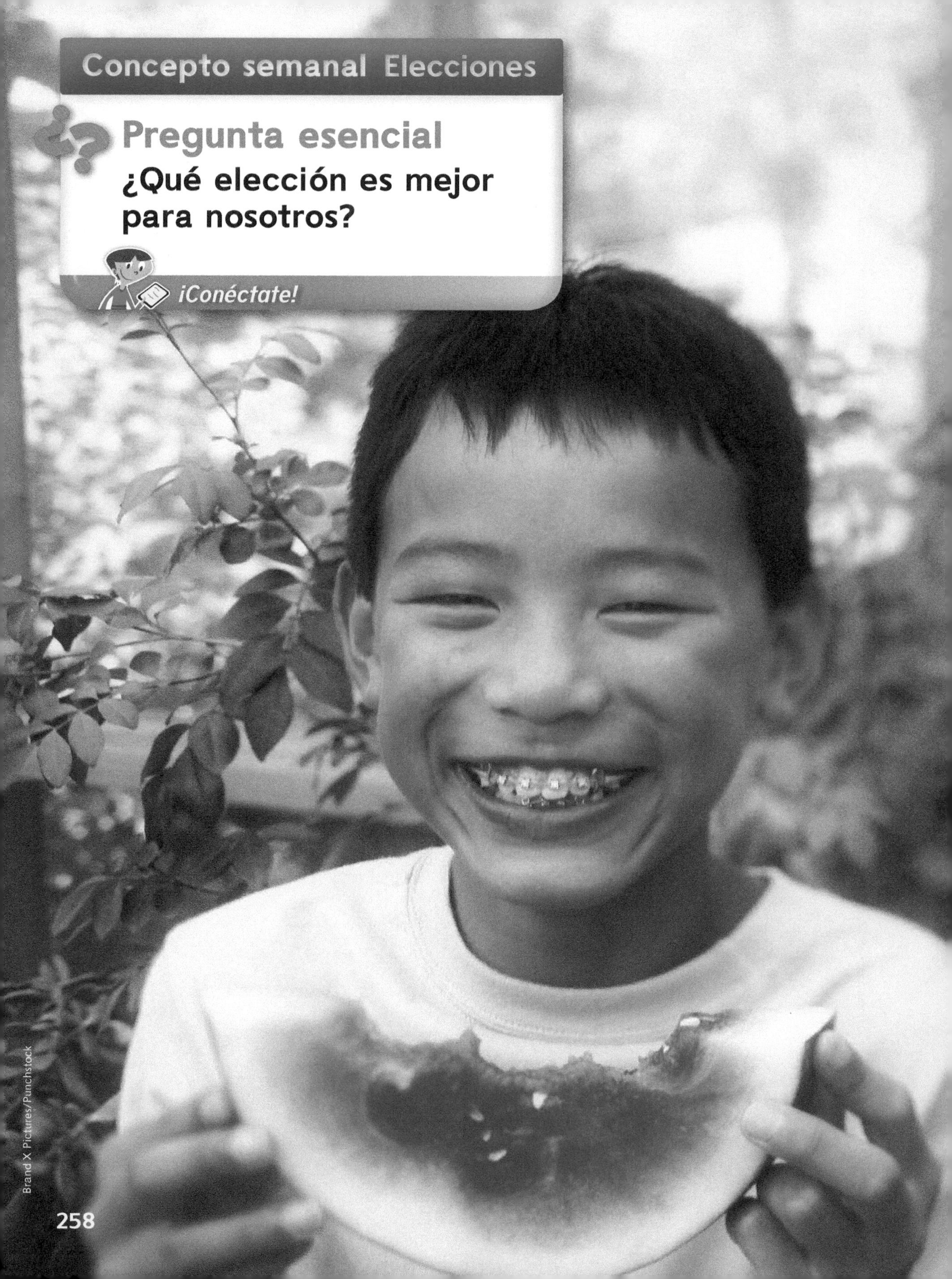

Escoger con inteligencia

Algunas decisiones son fáciles de tomar. Cuando tengo hambre, la fruta es mi merienda preferida y es deliciosa y saludable. Saber que puedo escoger me hace sentir bien.

▶ Tomamos muchas decisiones todos los días.

▶ Las elecciones inteligentes nos ayudan a vivir una vida sana.

Coméntalo

¿Qué elecciones dependen de ti? Habla en pareja sobre cómo tomar decisiones inteligentes.

259

Vocabulario

Mira las fotos y lee las oraciones para comentar cada palabra con un compañero o una compañera.

abundantemente

Esa planta crece **abundantemente** en los jardines soleados.

¿Comer abundantemente es saludable?

barranco

Si te paras en el borde de un **barranco** puedes caerte.

¿Conoces otra palabra que significa casi lo mismo que barranco?

cultivar

Estas niñas **cultivan** el amor por la danza.

Además de verduras y frutas, ¿qué otras cosas se pueden cultivar?

curiosear

Me gusta **curiosear** en las tiendas de antiguedades.

¿Te diviertes curioseando en las tiendas?

pulpa

La **pulpa** de las fresas es deliciosa.

¿Todas las frutas tienen pulpa?

saborear

José y Tori **saborean** un saludable almuerzo.

¿A ti qué te gusta saborear?

saludable

Susana elige alimentos **saludables** en el mercado.

Da un ejemplo de un almuerzo saludable.

variedad

La librería tiene una gran **variedad** de libros de mi autor favorito.

¿Dónde más se puede encontrar una gran variedad de libros?

Tu turno

COLABORA

Elige tres palabras y escribe tres preguntas para tu compañero o compañera.

¡Conéctate! *Usa el glosario digital ilustrado.*

Una semana en el Caribe

Virginia Segret Mouro

La familia Gómez, que vive en la capital, visitó la isla Margarita en el mar Caribe de Venezuela. Allí, las playas son grandes y los peces coloridos. Además, hay gran **variedad** de plantas silvestres y palmeras repletas de cocos listos para **saborear**.

Pregunta esencial

¿Qué elección es mejor para nosotros?

Lee acerca de las opciones que nos ofrece la naturaleza.

Adriana Matallana

262

Papá Roberto les contó a sus hijos la historia de esta isla. Les dijo:

—Tiene playas rodeadas por montañas con **barrancos** llenos de verde. Antes, la isla se llamaba Paraguachoa. La habían habitado los indios guaiqueríes y caribes. Ellos eran grandes pescadores y sabían mucho del mar. En la isla tenían todo lo que necesitaban para vivir: pescado, coco, fruta y hasta perlas. Nada tenía que **cultivarse**, pues ahí las cosas crecían **abundantemente** de manera natural.

También les contó que cuando llegaron los españoles llamaron "Margarita" a la isla, porque era el nombre de la hija del rey de España. Ahí, los españoles construyeron fortalezas y llevaron muchas perlas a España para el rey.

Cuando llegaron, papá Roberto empezó a armar la tienda bajo un cielo tormentoso con la ayuda de sus niños, Leticia y Luis.

Los niños tenían hambre, pero antes de salir a **curiosear**, tenían que terminar de levantar la tienda. Entonces, mamá Valeria tuvo una idea.

—Vamos a recoger unos cocos para tomar su agua y comernos la **pulpa**. Esto les dará energía hasta la cena.

Luis y Leticia nunca habían tomado agua de coco. En el pasado, los habitantes de la isla, cuando tenían sed, tomaban el agua de coco, que es pura y refrescante. El agua potable que viene de las montañas está muy lejos de la playa.

Los niños y el padre buscaron algunos cocos caídos de las palmeras y los partieron con un cuchillo. Era la primera vez que los niños veían un coco en su estado natural. Cuando probaron el agua fresca de la fruta, quedaron maravillados.

Luego, continuaron armando la tienda todos juntos. Por fin, la tienda ya estaba lista. De pronto, un trueno retumbó en el cielo. La lluvia comenzó a caer en gruesos chorros y la familia, en seguida, se cobijó.

—Usaré las hojas de los cocoteros para cubrir el techo de la tienda —dijo Roberto—. Además, es lo que siempre han utilizado los de la isla para hacer los techos de sus casas. Ya verán.

Un rato después, la lluvia paró y el cielo se despejó. Entonces decidieron preparar la cena. La familia dio un paseo por la playa y recolectaron algunos trozos de palmera caídos en la arena para hacer una fogata.

Mientras tanto, Roberto fue a pescar. Media hora más tarde, trajo pescado para asar.

Adriana Matallana

El pescado fresco es muy **saludable**.

Cuando terminaron de comer, los niños y su madre tuvieron una idea. Decidieron utilizar las cáscaras de los cocos que habían comido para hacer unas vasijas.

—Niños, a veces hay que usar la imaginación para satisfacer nuestras necesidades —dijo Valeria.

—Como hacían los caribes —respondió papá Roberto.

—¿Quiénes eran los caribes?

—Los caribes eran los indios que vivían aquí cuando llegaron los españoles. Ellos vivían de la pesca. Hacían sus casas de madera y hojas de cocotero. Sus vasijas eran de cáscara de coco.

Los niños estaban fascinados con la experiencia y con las historias de su padre.

La familia Gómez pasó una semana explorando la isla Margarita. Experimentaron cómo se vivía ahí antes de la conquista. También aprendieron de la naturaleza y lo que se puede hacer con los recursos naturales que uno encuentra a su alrededor. Tal como hacían los guaiqueríes y caribes antes de que llegaran los europeos.

¿? Haz conexiones

¿Por qué acampar en la isla Margarita fue una decisión inteligente? PREGUNTA ESENCIAL

¿Cómo te sientes cuando haces buenas elecciones? EL TEXTO Y TÚ

Hacer y responder preguntas

Mientras lees "Una semana en el Caribe" piensa en las preguntas que puedes hacer. Identifica los detalles en el cuento para contestarlas.

 Busca evidencias en el texto

Lee la página 263. Piensa en una pregunta. Luego busca detalles para responderla.

página 263

Papá Roberto les contó a sus hijos la historia de esta isla. Les dijo:

—Tiene playas rodeadas por montañas con **barrancos** llenos de verde. Antes, la isla se llamaba Paraguachoa. La habían habitado los indios guaiqueríes y caribes. Ellos eran grandes pescadores y sabían mucho del mar. En la isla tenían todo lo que necesitaban para vivir: pescado, coco, fruta y hasta perlas. Nada tenía que **cultivarse**, pues ahí las cosas crecían **abundantemente** de manera natural.

También les contó que cuando llegaron los españoles llamaron "Margarita" a la isla, porque era el nombre de la hija del rey de España. Ahí, los españoles construyeron fortalezas y llevaron muchas perlas a España para el rey.

Cuando llegaron, papá Roberto empezó a armar la tienda bajo un cielo tormentoso con la ayuda de sus niños, Leticia y Luis.

Los niños tenían hambre, pero antes de salir a **curiosear**, tenían que terminar de levantar la tienda. Entonces, mamá Valeria tuvo una idea.

—Vamos a recoger unos cocos para tomar su agua y comernos la **pulpa**. Esto les dará energía hasta la cena.

Luis y Leticia nunca habían tomado agua de coco. En el pasado, los habitantes de la isla, cuando tenían sed, tomaban el agua de coco, que es pura y refrescante. El agua potable que viene de las montañas está muy lejos de la playa.

Leo que en el pasado los habitantes tomaban agua de coco porque no había agua potable en la isla. Ellos aprenden cosas nuevas en contacto con la naturaleza. Hacen lo mismo que los antiguos habitantes.

COLABORA

Tu turno

Vuelve a leer el cuento y piensa en una pregunta. Por ejemplo, ¿por qué cambió el nombre de la isla?

Punto de vista

El narrador tiene opiniones sobre los sucesos y los personajes del cuento. Estas opiniones son su punto de vista. Identifica detalles en el cuento que representan el punto de vista del narrador.

 Busca evidencias en el texto

El narrador describe la isla como un lugar en donde hay mucha riqueza natural. Esto me demuestra que ama la isla y la naturaleza.

Detalles
Las playas son grandes y los peces coloridos. Hay variedad de plantas silvestres y palmeras repletas de cocos.

↓

Punto de vista

COLABORA

Tu turno

Vuelve a leer "Una semana en el Caribe". Busca detalles con el punto de vista del narrador y escríbelos en el organizador gráfico. Compara tu punto de vista sobre la isla con el punto de vista del narrador.

¡Conéctate!
Usa el organizador gráfico interactivo.

Ficción histórica

El cuento "Una semana en el Caribe" es **ficción histórica**.
Sabemos que es ficción histórica porque:

- Combina datos y hechos históricos con ficción.
- Los personajes pueden ser reales.
- El ambiente es real.

Busca evidencias en el texto

Sé que "Una semana en el Caribe" es ficción histórica porque los personajes son inventados, pero el cuento contiene datos históricos y sucede en un ambiente real.

página 263

Papá Roberto les contó a sus hijos la historia de esta isla. Les dijo:

—Tiene playas rodeadas por montañas con **barrancos** llenos de verde. Antes, la isla se llamaba Paraguachoa. La habían habitado los indios guaiqueríes y caribes. Ellos eran grandes pescadores y sabían mucho del mar. En la isla tenían todo lo que necesitaban para vivir: pescado, coco, fruta y hasta perlas. Nada tenía que **cultivarse**, pues ahí las cosas crecían **abundantemente** de manera natural.

También les contó que cuando llegaron los españoles llamaron "Margarita" a la isla, porque era el nombre de la hija del rey de España. Ahí, los españoles construyeron fortalezas y llevaron muchas perlas a España para el rey.

Cuando llegaron, papá Roberto empezó a armar la tienda bajo un cielo tormentoso con la ayuda de sus niños, Leticia y Luis.

Los niños tenían hambre, pero antes de salir a curiosear, tenían que terminar de levantar la tienda. Entonces, mamá Valeria tuvo una idea.

—Vamos a recoger unos cocos para tomar su agua y comernos la **pulpa**. Esto les dará energía hasta la cena.

Luis y Leticia nunca habían tomado agua de coco. En el pasado, los habitantes de la isla, cuando tenían sed, tomaban el agua de coco, que es pura y refrescante. El agua potable que viene de las montañas está muy lejos de la playa.

263

Combina datos históricos con ficción. Hay personajes inventados y reales.

COLABORA

Tu turno

Busca dos ejemplos de sucesos históricos en el cuento "Una semana en el Caribe". Comenta en pareja por qué es ficción histórica.

Raíces de palabras

La raíz es la parte de la palabra que no cambia. Cuando leas una palabra desconocida, identifica su raíz para intentar descubrir su significado.

Busca evidencias en el texto

En la página 263, veo la palabra tormentoso. *Sé que la raíz* torment- *se encuentra en la palabra* tormenta, *que significa aguacero y también que la terminación* –oso *indica abundancia. Por lo tanto,* tormentoso *significa un tiempo que puede traer abundantes tormentas.*

Cuando llegaron a la isla, papá Roberto empezó a armar la tienda bajo un cielo tormentoso con la ayuda de sus niños, Leticia y Luis.

Tu turno

Identifica la raíz de estas palabras para averiguar su significado.

maravillados, *página 264*

recolectaron, *página 264*

Comenta el significado de las palabras con un compañero o compañera.

Adriana Matallana

Escribir acerca del texto

Páginas 262–265

Lizzie

Respondí la pregunta: *¿Crees que el plan de la familia Gómez de acampar en la isla Margarita fue una buena decisión? Utiliza evidencias del texto para apoyar tu respuesta.*

Ejemplo del estudiante:
Texto de opinión

Opinión
En mi primera oración expreso claramente mi opinión.

> Yo pienso que acampar en la isla Margarita fue una muy buena decisión de los señores Gómez.

Detalles de apoyo
Respaldé mi opinión con buenas razones.

> Enseñaron a sus hijos la historia del lugar. También les enseñaron cómo levantar una tienda y cómo protegerse de una tormenta. Los hijos aprendieron a valorar y a usar los recursos que brinda la

altrendo images/Stockbyte/Getty Images

Gramática

Este es un ejemplo de **verbo en pretérito imperfecto.**

Manual de gramática página 481

naturaleza. Mientras exploraban el lugar, se sentían felices. Asimismo estaban encantados con las historias que les contaba su padre. Todos disfrutaron y aprendieron mucho de su excursión a la isla Margarita. Por eso creo que verdaderamente fue una excelente decisión.

Expresar sentimientos
Incluí palabras que demuestran cómo se sienten los personajes.

Tu turno

En tu opinión, ¿qué decisiones saludables tomaron los padres y los hijos? Incluye evidencias del texto.

¡Conéctate!
Escribe tu respuesta en línea.
Usa tu lista de comprobación de edición.

Adriana Matallana

Pregunta esencial

¿Cómo usas tus talentos
para ayudar a los demás?

¡Conéctate!

USA TUS DESTREZAS

Todos tenemos algún talento o destreza. Algunos somos más artísticos, otros más intelectuales. Unos son buenos en los deportes mientras que otros en la música.

▶ Podemos usar nuestros talentos para ayudar a los demás.

▶ Nuestros talentos y destrezas nos hacen sentir bien con nosotros mismos.

Coméntalo

Escribe algunos talentos y comenta en pareja cómo se usan para ayudar a los demás.

Talentos

Vocabulario

Mira las fotos y lee las oraciones para comentar cada palabra con un compañero o una compañera.

comprometer

Marisa se **comprometió** a ser más ordenada en el futuro.

¿Por qué se comprometen las personas a hacer algo?

confianza

Paula leyó su informe con calma y **confianza**.

¿Qué significa tener confianza?

domicilio

El camión de mudanza llevó los muebles al nuevo **domicilio** de Tom.

¿Alguna vez cambiaste de domicilio?

imprudente

Es **imprudente** bajar las escaleras corriendo.

¿Qué palabra significa lo opuesto de imprudente?

inquilino

Ayer fuimos a saludar a los nuevos **inquilinos**.

¿Qué debe pagar un inquilino todos los meses?

logro

Ese gol de mi equipo de fútbol fue un verdadero **logro**.

Menciona algo que consideres un logro.

pacientemente

Lila practica **pacientemente** con su violín.

¿Cuándo tuviste que realizar algo pacientemente?

travieso

El cachorrito **travieso** rasgó el pantalón de su dueño.

¿Qué hace un niño travieso?

Tu turno

COLABORA

Elige tres palabras y escribe tres preguntas para tu compañero o compañera.

¡Conéctate! *Usa el glosario digital ilustrado.*

¡Una idea genial!

Virginia Segret Mouro

¿? Pregunta esencial

¿Cómo usas tus talentos para ayudar a los demás?

Lee y descubre cómo todos se benefician cuando se usa bien un talento.

El matrimonio Ibarra vivía en la planta baja de una casa de tres pisos. Ellos eran los dueños, pero no estaban solos.

En el segundo piso vivían sus **inquilinos**. Rita, una nena de ocho años, y Silvio, su hermanito de diez. Rosa y Raúl eran sus papás. Y en el tercero, vivían el señor y la señora Pérez.

El **domicilio** tenía un jardín muy grande pero desprolijo y sin plantas, porque a los Ibarra no les gustaba la jardinería.

El señor Pérez estaba desocupado pues había perdido su trabajo. Tenía mucho tiempo libre y se aburría bastante.

Un día, su esposa le propuso:

—Ve a ver al señor Ibarra y dile que tú puedes hacer un bello jardín en la casa. Allí la tierra es muy buena. Las plantas crecerán rápido. Él tendrá **confianza** en ti.

— ¡Iré hoy mismo a hablar con ellos! —respondió entusiasmado.

A la familia Ibarra le encantó la idea. Esa misma tarde, el señor Pérez tomó su carretilla, su pala y su rastrillo y, **pacientemente**, comenzó su trabajo.

Los niños del segundo piso, sorprendidos de ver al señor Pérez en el jardín, le preguntaron si podían contribuir.

— ¡Claro! Pidan permiso a sus padres y bajen al jardín.

Los niños bajaron al jardín y se comprometieron a ayudar por las tardes, antes de cenar. Poroto, el perrito de los niños, también quería participar. Corría de acá para allá, **imprudente**, metiendo sus patitas en el barro.

— ¡Sal de ahí, Poroto **travieso**, o irás a tu perrera! —lo retó el señor Pérez.

Dos semanas después, ya habían desenterrado las hierbas malas y la tierra ya estaba lista para sembrarla.

Los tres plantaron rosales muy cerca de la casa. Para adornarla pusieron árboles de frutas, y enterraron semillas de lechugas, repollos, puerros y muchas verduras más.

La labor ya estaba casi terminada. Con la ayuda de los niños, el señor y la señora Pérez regaron las plantas con entusiasmo.

Orgulloso de los **logros** de sus hijos, papá Raúl se **comprometió** a premiarlos.

Los niños habían aprendido a sembrar hortalizas y flores. Ahora conocían los nombres de las plantas y les gustaba pasar horas en el jardín.

Virginia Piñón

El tiempo pasó. Los rosales dieron bellas rosas perfumadas, de colores brillantes. Los frutales dieron peras, duraznos, membrillos... ¡La huerta estaba hermosísima!

El jardín ya no era desprolijo, sino muy bello, tanto que los vecinos se acercaban todas las tardes para admirarlo. Algunos contrataron al señor Pérez para hacer la jardinería de sus casas.

Los niños se turnaban para regar los árboles y la huerta. Poroto, el perro, había aprendido a no embarrarse las patitas. Hacía equilibrio sobre un banco, mientras los miraba trabajar.

La familia Ibarra quiso recompensar la labor generosa de sus inquilinos. Como premio a tan bello jardín, bajaron la renta del señor y la señora Pérez a la mitad de su valor. La señora Ibarra iba todas las tardes a la huerta a buscar verduras frescas para sus comidas. Y todos en la gran casa disfrutaron del jardín en las tardes tibias de primavera.

¿? Haz conexiones

¿Qué talento usó el señor Pérez para ayudar a sus vecinos? **PREGUNTA ESENCIAL**

¿Cuál es tu talento? ¿Cómo lo usas para ayudar? **EL TEXTO Y TÚ**

Hacer y responder preguntas

Vuelve a leer el cuento "¡Una idea genial!" y piensa en una pregunta. Luego identifica los detalles importantes en el texto para responderla.

Busca evidencias en el texto

Lee la página 277 y piensa en una pregunta. Después vuelve a leer para encontrar la respuesta.

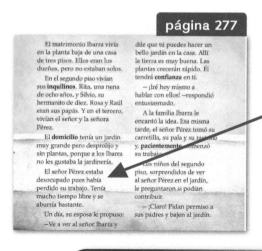

página 277

El matrimonio Ibarra vivía en la planta baja de una casa de tres pisos. Ellos eran los dueños, pero no estaban solos.

En el segundo piso vivían sus **inquilinos**. Rita, una nena de ocho años, y Silvio, su hermanito de diez. Rosa y Raúl eran sus papás. Y en el tercero, vivían el señor y la señora Pérez.

El **domicilio** tenía un jardín muy grande pero desprolijo y sin plantas, porque a los Ibarra no les gustaba la jardinería.

El señor Pérez estaba desocupado pues había perdido su trabajo. Tenía mucho tiempo libre y se aburría bastante.

Un día, su esposa le propuso:

—Ve a ver al señor Ibarra y dile que tú puedes hacer un bello jardín en la casa. Allí la tierra es muy buena. Las plantas crecerán rápido. Él tendrá **confianza** en ti.

—¡Iré hoy mismo a hablar con ellos! —respondió entusiasmado.

A la familia Ibarra le encantó la idea. Esa misma tarde, el señor Pérez tomó su carretilla, su pala y su rastrillo y, **pacientemente**, comenzó su trabajo.

Los niños del segundo piso, sorprendidos de ver al señor Pérez en el jardín, le preguntaron si podían contribuir.

—¡Claro! Pidan permiso a sus padres y bajen al jardín.

¿Por qué el señor Pérez ofreció embellecer el jardín? <u>*Leo que había perdido su trabajo, tenía tiempo libre y se aburría mucho.*</u> *Estos detalles me ayudan a responder mi pregunta.*

Tu turno

Vuelve a leer "¡Una idea genial!" y piensa en una pregunta. Por ejemplo, ¿por qué la familia Ibarra quiso recompensar al señor Pérez por su labor? Vuelve a leer para encontrar la respuesta.

Punto de vista

El punto de vista del narrador es lo que piensa sobre los sucesos que ocurren en un cuento y los personajes. Busca detalles que muestran lo que piensa el narrador e identifica su punto de vista.

Busca evidencias en el texto

En el cuento, el señor Pérez está sin trabajo, pero se entusiasma con la idea de hacer algo productivo. Este detalle muestra que el narrador siente simpatía por él.

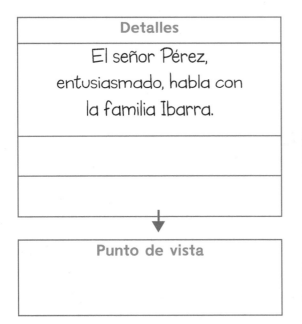

Detalles
El señor Pérez, entusiasmado, habla con la familia Ibarra.

Punto de vista

Tu turno

Vuelve a leer "¡Una idea genial!". Busca más detalles que muestran lo que piensa el narrador y completa el organizador gráfico. ¿Cuál es el punto de vista del narrador? Compáralo con tu punto de vista.

¡Conéctate!
Usa el organizador gráfico interactivo.

Ficción realista

El cuento "¡Una idea genial!" es una ficción realista. Sabemos que es una ficción realista porque:

- Es una historia inventada que podría suceder en la realidad.
- Tiene diálogos e ilustraciones.
- Los personajes podrían existir en la vida real.

Busca evidencias en el texto

Puedo saber que "¡Una idea genial!" es una ficción realista porque los personajes hablan y actúan como personas reales. Los sucesos son inventados pero podrían suceder en la realidad.

página 278

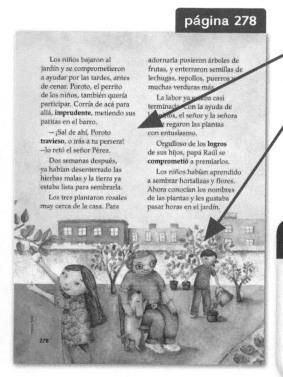

Los niños bajaron al jardín y se comprometieron a ayudar por las tardes, antes de cenar. Poroto, el perrito de los niños, también quería participar. Corría de acá para allá, **imprudente**, metiendo sus patitas en el barro.

—¡Sal de ahí, Poroto **travieso**, o irás a tu perrera! —lo retó el señor Pérez.

Dos semanas después, ya habían desenterrado las hierbas malas y la tierra ya estaba lista para sembrarla.

Los tres plantaron rosales muy cerca de la casa. Para adornarla pusieron árboles de frutas, y enterraron semillas de lechugas, repollos, puerros y muchas verduras más.

La labor ya estaba casi terminada. Con la ayuda de los niños, el señor y la señora regaron las plantas con entusiasmo.

Orgulloso de los **logros** de sus hijos, papá Raúl se **comprometió** a premiarlos.

Los niños habían aprendido a sembrar hortalizas y flores. Ahora conocían los nombres de las plantas y les gustaba pasar horas en el jardín.

278

Diálogo Los diálogos muestran cómo se comunican los personajes.

Ilustraciones Las ilustraciones dan más información sobre los personajes y el ambiente.

Tu turno

Busca dos ejemplos que muestren que "¡Una idea genial!" es una ficción realista. Coméntalo con tu compañero o compañera.

Prefijos

El prefijo se agrega al principio de una palabra y cambia su significado. El prefijo *des-* significa "que no es". Los prefijos *im-* o *in-* también significan "negación", "opuesto a".

Busca evidencias en el texto

En la página 279 veo la palabra desprolijo. *Está formada por el prefijo* des- . *Sé que* prolijo *significa "que está cuidado" y que el prefijo* des- *significa "no". La palabra* desprolijo *significa que "algo no está bien cuidado".*

El jardín ya no era desprolijo sino muy bello, tanto que los vecinos se acercaban todas las tardes para admirarlo.

Tu turno

COLABORA

Usa los prefijos de cada palabra para descubrir su significado.

desocupado, *página 277*

imprudente, *página 278*

desenterrado, *página 278*

Comenta el significado de las palabras con un compañero o compañera.

Virginia Piñón

Escribir acerca del texto

Páginas 276–279

Jamie

Respondí la pregunta: *En tu opinión, ¿el matrimonio Ibarra hizo bien en permitir que el señor Pérez arreglara el jardín?*

Ejemplo del estudiante:
Texto de opinión

Enfoque en el tema
En mi oración temática expreso mi opinión, y luego doy razones que la apoyan en el resto del párrafo.

Palabras de enlace
Incluí palabras de enlace para conectar mis razones con mis opiniones.

> Yo creo que el matrimonio Ibarra hizo lo correcto cuando permitió que el señor Pérez arreglara el jardín. Al principio pensé que no había sido una buena idea porque el jardín era enorme y estaba descuidado. Creí que el señor Pérez solo no podría hacer un buen trabajo. Pero cambié de

Gramática

Este es un ejemplo del **pretérito del verbo irregular** *ir*

Manual de gramática página 480

opinión cuando Silvio y Rita fueron a ayudarlo. El señor Pérez y los niños lograron cultivar un hermoso jardín y organizar una huerta muy productiva. Él no hubiera podido demostrar su talento con las plantas si los señores Ibarra no le hubieran permitido arreglar el jardín.

Personajes
Incluí evidencias del texto para mostrar cómo era el señor Pérez.

Tu turno

En tu opinión, ¿podrías arreglar un jardín como el de los señores Ibarra? Da razones por las que sí o por las que no.

¡Conéctate!
Escribe tu respuesta en línea.
Usa tu lista de comprobación de edición.

Virginia Piñón

¿? Pregunta esencial

¿Cómo se adaptan los animales a su hábitat cuando hay obstáculos?

¡Conéctate!

Adaptarse a los obstáculos

El pelaje de este armiño es marrón y blanco en verano. En invierno, se vuelve blanco y se confunde con el suelo cubierto de nieve. Esta adaptación lo ayuda a escapar de sus depredadores.

► Los armiños también corren muy rápido y son buenos trepadores.

► Tienen un olfato excelente.

► La adaptación los ayuda a sobrevivir.

Coméntalo

Comenta en pareja las distintas formas en que se adaptan los animales. Escribe tus ideas en la red.

Adaptación

Vocabulario

Mira las fotos y lee las oraciones para comentar cada palabra con un compañero o una compañera.

alertar

Los lobos aúllan para **alertar** a otros lobos cuando el peligro está cerca.

¿Cómo alertarías a alguien para evitar un peligro?

ambiente

El oso polar vive en un **ambiente** donde hay mucha nieve.

¿Cómo es el ambiente donde viven los elefantes?

arbusto

Armamos nuestra carpa cerca de unos **arbustos**.

¿Qué diferencia hay entre un arbusto y un árbol?

competir

Juan se preparó para **competir** y ganó la carrera.

¿En qué deportes te gusta competir?

excelente

La **excelente** obra de arte de Lily ganó el primer premio.

Menciona una situación en la que hayas hecho algo excelente.

preferir

Simon y sus amigos **prefieren** caminar a andar en bicicleta.

¿Qué actividad prefieres tú?

proteger

El aroma de los zorrinos los **protege** de sus enemigos.

¿Qué usas para protegerte del sol en verano?

relacionado

Josh y Jen están **relacionados** porque son miembros de la misma familia.

Nombra dos animales que estén relacionados.

Tu turno

COLABORA

Elige tres palabras y escribe tres preguntas para tu compañero o compañera.

¡Conéctate! *Usa el glosario digital ilustrado.*

LOBO GRIS, ZORRO ROJO

¿? Pregunta esencial

¿Cómo se adaptan los animales a su hábitat cuando hay obstáculos?

Lee cómo los lobos grises y los zorros rojos se adaptan a los obstáculos.

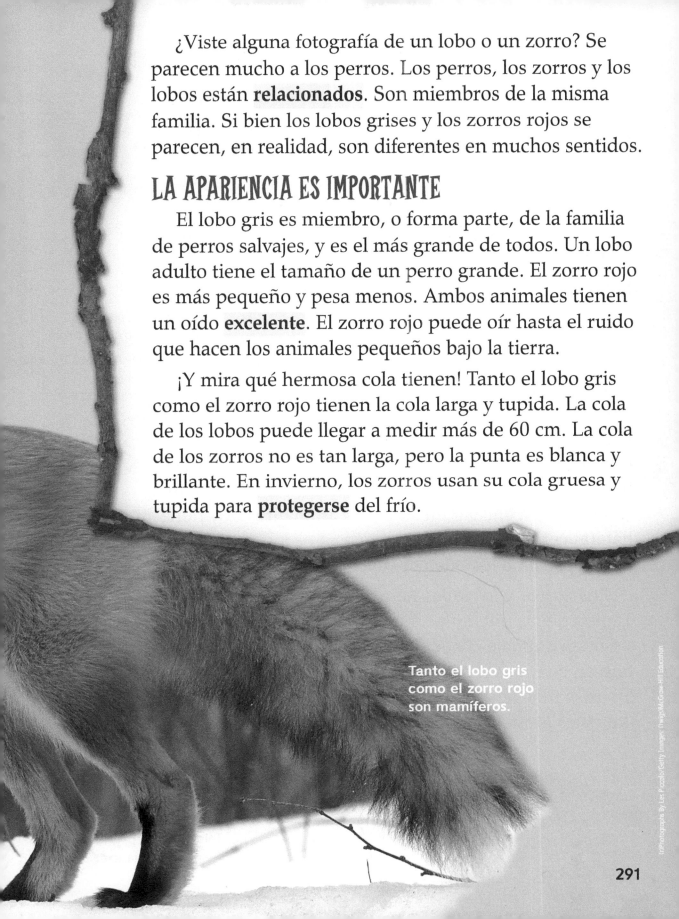

¿Viste alguna fotografía de un lobo o un zorro? Se parecen mucho a los perros. Los perros, los zorros y los lobos están **relacionados**. Son miembros de la misma familia. Si bien los lobos grises y los zorros rojos se parecen, en realidad, son diferentes en muchos sentidos.

LA APARIENCIA ES IMPORTANTE

El lobo gris es miembro, o forma parte, de la familia de perros salvajes, y es el más grande de todos. Un lobo adulto tiene el tamaño de un perro grande. El zorro rojo es más pequeño y pesa menos. Ambos animales tienen un oído **excelente**. El zorro rojo puede oír hasta el ruido que hacen los animales pequeños bajo la tierra.

¡Y mira qué hermosa cola tienen! Tanto el lobo gris como el zorro rojo tienen la cola larga y tupida. La cola de los lobos puede llegar a medir más de 60 cm. La cola de los zorros no es tan larga, pero la punta es blanca y brillante. En invierno, los zorros usan su cola gruesa y tupida para **protegerse** del frío.

Tanto el lobo gris como el zorro rojo son mamíferos.

291

Los zorros y los lobos tienen piel gruesa. Su pelaje es blanco, marrón o negro. Pero la mayoría de los zorros rojos tienen piel roja, mientras que los lobos grises tienen, en general, la piel de un color más gris y marrón.

¿DÓNDE VIVEN?

Estados Unidos

Referencias
- Solo el zorro rojo
- Solo el lobo gris
- Ambos

¿DÓNDE ENCUENTRAN SU ALIMENTO?

Los lobos grises y los zorros rojos viven en hábitats diferentes. Viven en desiertos, bosques y praderas. Pero cada vez se construyen más carreteras y centros comerciales, por eso ambos animales están perdiendo sus hábitats. El zorro rojo se adaptó bien, o sea hizo algunos cambios para encajar en su nuevo **ambiente**. Hoy tiene su hábitat cerca de pueblos y parques. Los lobos, sin embargo, no se acercan a los pueblos ni a la gente.

Los zorros y los lobos no **compiten** por la comida. Tienen dietas diferentes. Los zorros rojos van de caza solos y comen animales pequeños, pájaros y pescado. También, buscan comida en cestos de basura y campamentos. Los lobos se mueven en jaurías, o grupos, para poder cazar animales grandes, como los alces o los ciervos.

Los lobos grises prefieren vivir y cazar en jaurías.

DÍA A DÍA

Los lobos viven en jaurías de cuatro a siete miembros. Hacen casi todo juntos. Cazan, viajan y eligen sitios seguros para construir las guaridas que les servirán de refugio. Los zorros, por otra parte, **prefieren** vivir solos. Por lo general, duermen al aire libre, bajo los **arbustos** o buscan una madriguera para usarla de hogar.

El zorro rojo sale a cazar su comida solo.

Tanto los lobos como los zorros se comunican mediante ladridos y gruñidos. El lobo gris también aúlla para **alertar**, o advertir a otros lobos que el peligro está cerca. El zorro rojo utiliza señas distintas. Agita la cola en el aire para advertir a los demás zorros.

El lobo gris y el zorro rojo son miembros de la misma familia y tienen muchas cosas en común. Sin embargo, la realidad es que son dos animales muy distintos.

¿? Haz conexiones

¿Cómo se adaptaron el lobo gris y el zorro rojo a la vida en América del Norte? PREGUNTA ESENCIAL

¿Sobre qué animal te gustaría aprender más? ¿Por qué?
EL TEXTO Y TÚ

Volver a leer

Cuando leas, haz una pausa y reflexiona sobre lo que estás leyendo. ¿Hay datos e ideas nuevas? ¿Tienen sentido? Vuelve a leer para asegurarte de que lo entendiste.

Busca evidencias en el texto

¿Entiendes en qué se diferencian los zorros rojos de los lobos grises? Vuelve a leer "La apariencia es importante", en la página 291.

página 291

¿Viste alguna fotografía de un lobo o un zorro? Se parecen mucho a los perros. Los perros, los zorros y los lobos están **relacionados**. Son miembros de la misma familia. Si bien los lobos grises y los zorros rojos se parecen, en realidad, son diferentes en muchos sentidos.

LA APARIENCIA ES IMPORTANTE

El lobo gris es miembro, o forma parte, de la familia de perros salvajes, y es el más grande de todos. Un lobo adulto tiene el tamaño de un perro grande. El zorro rojo es más pequeño y pesa menos. Ambos animales tienen un oído **excelente**. El zorro rojo puede oír hasta el ruido que hacen los animales pequeños bajo la tierra.

¡Y mira qué hermosa cola tienen! Tanto el lobo gris como el zorro rojo tienen la cola larga y tupida. La cola de los lobos puede llegar a medir más de 60 cm. La cola de los zorros no es tan larga, pero la punta es blanca y brillante. En invierno, los zorros usan su cola gruesa y tupida para **protegerse** del frío.

Leo que los lobos grises son más grandes que los zorros rojos y que el color de su pelaje y su cola son diferentes. Ahora comprendo en qué se diferencian los zorros rojos de los lobos grises.

Tu turno

COLABORA

Vuelve a leer la página 291. Busca detalles que tienen en común los lobos grises y los zorros rojos.

Comparar y contrastar

Cuando los autores comparan dos cosas, escriben sobre sus parecidos. Cuando contrastan, señalan las diferencias entre ambas. Los autores usan palabras como *ambos, parecido, mismo* o *diferente* para comparar y contrastar.

 ## Busca evidencias en el texto

¿En qué se parecen y en qué se diferencian los zorros rojos y los lobos grises?

Lobos	Ambos	Zorros
La cola de los lobos puede llegar a medir más de 60 cm.	Piel gruesa y cola larga y tupida.	La cola de los zorros tiene la punta blanca y brillante.

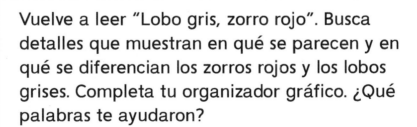

Tu turno

COLABORA

Vuelve a leer "Lobo gris, zorro rojo". Busca detalles que muestran en qué se parecen y en qué se diferencian los zorros rojos y los lobos grises. Completa tu organizador gráfico. ¿Qué palabras te ayudaron?

¡Conéctate!
Usa el organizador gráfico interactivo.

Texto expositivo

"Lobo gris, zorro rojo" es un texto expositivo.

El **texto expositivo:**

- Tiene datos e información sobre un tema.
- Trata temas relacionados con la ciencia.
- Tiene mapas, fotografías y pies de foto.

Busca evidencias en el texto

Puedo saber que "Lobo gris, zorro rojo" es un texto expositivo porque explica en qué se parecen y en qué se diferencian los lobos grises de los zorros rojos. Tiene un mapa, fotografías y pies de foto.

página 292

Los zorros y los lobos tienen piel gruesa. Su pelaje es blanco, marrón o negro. Pero la mayoría de los zorros rojos tienen piel roja, mientras que los lobos grises tienen, en general, la piel de un color más gris y marrón.

¿DÓNDE ENCUENTRAN SU ALIMENTO?

Los lobos grises y los zorros rojos viven en hábitats diferentes. Viven en desiertos, bosques y praderas. Pero cada vez se construyen más carreteras y centros comerciales, por eso ambos animales están perdiendo sus hábitats. El zorro rojo se adaptó bien, o sea hizo algunos cambios para encajar en su nuevo **ambiente**. Hoy tiene su hábitat cerca de pueblos y parques. Los lobos, sin embargo, no se acercan a los pueblos ni a la gente.

Los zorros y los lobos no **compiten** por la comida. Tienen dietas diferentes. Los zorros rojos van de caza solos y comen animales pequeños, pájaros y pescado. También, buscan comida en cestos de basura y campamentos. Los lobos se mueven en jaurías, o grupos, para poder cazar animales grandes, como los alces o los ciervos.

Los lobos grises prefieren vivir y cazar en jaurías.

292

Características del texto

Mapa Un mapa es el dibujo plano de un lugar. Tiene una explicación del significado de colores y de símbolos.

Pies de foto Explican una fotografía o una ilustración.

Tu turno

COLABORA

Observa las características del texto en "Lobo gris, zorro rojo". Comenta en pareja lo que aprendiste.

Claves en una oración

Las claves en las oraciones son palabras o frases que te ayudan a entender el significado de una palabra que no conoces. A veces, las claves definen exactamente lo que significa una palabra.

Busca evidencias en el texto

En la página 291, no entiendo lo que significa la palabra miembro. *Veo las palabras "forma parte" en la misma oración. Esta pista me indica que la palabra* miembro *significa "una parte de algo".*

El lobo gris es miembro, o forma parte, de la familia de perros salvajes, y es el más grande de todos.

Tu turno

Busca claves de contexto para descubrir el significado de estas palabras.

adaptó, *página 292*
jaurías, *página 292*

Comenta qué claves en las oraciones te ayudaron a descubrir sus significados.

Escribir acerca del texto

Páginas 290–293

Luke

Respondí la pregunta: *¿De qué maneras los zorros rojos y los lobos se han adaptado a los cambios en su hábitat?*

Ejemplo del estudiante:
Texto informativo

Principio interesante
Escribí una pregunta interesante para captar la atención del lector.

Detalles de apoyo
Desarrollé mi tema con evidencias del texto.

¿Cómo pudo un pequeño zorro rojo vencer a un gran lobo gris?

Los hábitats de estos animales cambiaron cuando las personas construyeron las ciudades y carreteras. ¿Adivina qué animal se adaptó mejor?

Los lobos se han alejado de los pueblos y las personas. Viven

en áreas silvestres donde pueden

cazar ciervos. Pero los zorros rojos

pueden vivir en más lugares que

los lobos grises. Los zorros se han

adaptado a su entorno mejor que

los lobos grises. ¡Así es como los

zorros han vencido a los lobos!

Palabras de enlace
Usé la palabra *pero* para conectar las ideas.

Gramática

Este es un ejemplo del **verbo irregular** *ser*, **en presente.**

Manual de gramática página 486

Tu turno

En la forma en que viven, ¿cuáles son las similitudes y diferencias entre los lobos grises y los zorros rojos? Incluye evidencias del texto.

¡Conéctate!
Escribe tu respuesta en línea.
Usa tu lista de comprobación de edición.

(t)jimkruger/iStock/360/Getty Images; (twigs)McGraw-Hill Education

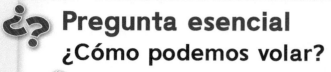

Pregunta esencial
¿Cómo podemos volar?

¡Conéctate!

Unimedia Images/Unimedia International/Newscom

MUY ALTO Y MUY LEJOS

La gente siempre ha querido volar. Gracias a muchos inventores existen muchas maneras de hacerlo.

► La gente puede viajar en aviones chicos, en avión de pasajeros o hasta en globos aerostáticos coloridos.

► Los helicópteros son para transportar grupos pequeños.

► Y hay aventureros que vuelan solos a gran altura.

Coméntalo

Escribe palabras relacionadas con volar. Comenta cómo aprendieron a volar las personas.

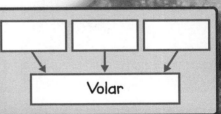

Vocabulario

Mira las fotos y lee las oraciones para comentar cada palabra con un compañero o una compañera.

controlar

Tom **controlaba** los movimientos de su barco de juguete desde la orilla.

¿Hay algo que sepas controlar en tu casa?

despegue

Es emocionante ver el **despegue** de un transbordador espacial.

¿Qué cosas también pueden despegar?

ingenio

José tiene mucho **ingenio** para inventar juegos divertidos.

¿Qué más puedes inventar, usando tu ingenio?

movimiento

Julia disfruta el **movimiento** de la hamaca.

¿Qué tipos de movimiento te gustan?

pasajero

A Denise le gusta viajar como **pasajera** en el auto.

¿Cuándo fue la última vez que viajaste como pasajero?

popular

El fútbol es el deporte más **popular** en nuestra escuela.

Comenta sobre algún deporte que sea popular en tu escuela.

probable

Es **probable** que el puente para cruzar este río esté más adelante.

¿Crees que es probable que un gato hable?

vuelo

El primer **vuelo** que hizo un avión fue hace muchos años.

¿Te aburrirías en un vuelo de 12 horas?

COLABORA

Tu turno

Elige tres palabras y escribe tres preguntas para tu compañero o compañera.

¡Conéctate! *Usa el glosario digital ilustrado.*

Los primeros en volar

¿❓ Pregunta esencial

¿Cómo podemos volar?

Lee y descubre cómo los inventores aprendieron a volar.

El 17 de diciembre de 1903, la máquina Wright Flyer voló durante 12 segundos en Kitty Hawk.

Orville y Wilbur Wright

Orville y Wilbur Wright visitaron una playa fría y ventosa de Kitty Hawk, Carolina del Norte. Los hermanos hicieron un largo viaje desde Dayton, Ohio, para probar su nueva máquina voladora en ese lugar. Volar siempre había sido su sueño desde que su padre les había regalado un helicóptero de juguete.

Los hermanos Wright tenían una tienda de bicicletas en Dayton. Además de vender, fabricar y reparar bicicletas, construían máquinas voladoras. La primera vez que volaron fue en 1899. Sin embargo, los vientos no eran lo suficientemente fuertes como para que la máquina se mantuviera en **movimiento**. Entonces, buscaron un lugar donde el viento soplara más fuerte. Por eso, eligieron Kitty Hawk. Era un lugar ventoso y las playas arenosas favorecían un aterrizaje suave.

(t) Everett Collection/SuperStock

Su primer **vuelo** no tuvo éxito, pero esto les sirvió como experiencia y aprendieron muchas cosas relacionadas con el vuelo. Como consecuencia, en el año 1900, construyeron un mejor planeador, con alas más grandes. Este planeador tampoco funcionó muy bien, pero los hermanos no se dieron por vencidos. Experimentaron con un nuevo planeador en 1902. Luego, en 1903, construyeron el *Wright Flyer,* su primer avión con motor.

Los primeros en volar

El 17 de diciembre, los hermanos probaron el *Wright Flyer.* Orville puso en marcha los motores para darle potencia. Él **controlaba** el avión mientras Wilbur observaba el **despegue**. El avión se movió en dirección ascendente, y el vuelo duró doce segundos. Los hermanos Wright conquistaron la gravedad con **ingenio** . Ellos descubrieron el secreto de volar y continuaron mejorando sus aviones. Después, otras personas también intentaron

Alberto Santos-Dumont fue el tercer hombre en el mundo en pilotear un avión a motor.

¿Volará?

Haz un experimento relacionado con el vuelo usando aviones de papel.

Materiales que necesitas:

• lápiz • papel • regla

Instrucciones:

1. En pareja, hagan dos aviones de papel. Construyan las alas de cada avión de un tamaño diferente.

2. Suavemente, lancen uno de los aviones.

3. Midan y registren la distancia que voló el avión.

4. Túrnense para lanzar el avión cuatro veces más. Midan y registren la distancia recorrida cada vez.

5. Repitan el experimento con el otro avión.

6. Comparen los vuelos de los aviones. Luego, comenten lo que aprendieron.

pilotear aviones: Alberto Santos-Dumont fue un inventor y piloto brasilero. En 1906, realizó el primer vuelo oficial en público. Al año siguiente, el piloto francés Henri Farman, llevó un **pasajero** en su avión. Volaron durante un minuto y catorce segundos.

Mejores máquinas voladoras

Gracias a estos vuelos, la investigación relacionada con los aviones se volvió **popular** entre los inventores. Poco tiempo después, aparecieron aviones que recorrían distancias mayores. En 1909, un piloto francés cruzó el Canal de la Mancha. Este nuevo avión era muy diferente del de los hermanos Wright. Sólo tenía un ala larga que atravesaba el cuerpo de la nave. Era muy parecido a los aviones de la actualidad.

Así es como lucía un avión en 1930.

Poco tiempo después, los inventores construyeron aviones que transportaban más personas. En 1920, aparecieron compañías que ofrecían la oportunidad de volar a pasajeros. Los hombres habían logrado algo que no parecía **probable**. Habían descubierto cómo volar.

Haz conexiones

¿Cómo contribuyeron los hermanos Wright a la ciencia de volar? PREGUNTA ESENCIAL

Comenta lo que sabes sobre los aviones. ¿Alguna vez has volado? EL TEXTO Y TÚ

Volver a leer

Haz una pausa y piensa en lo que has leído. ¿Tiene sentido el texto? Vuelve a leer para asegurarte de que lo entendiste.

Busca evidencias en el texto

¿Comprendes qué aprendieron los hermanos Wright del fracaso de los vuelos? Vuelve a leer la página 306.

---

página 306

Su primer **vuelo** no tuvo éxito, pero esto les sirvió como experiencia y aprendieron muchas cosas relacionadas con el vuelo. Como consecuencia, en el año 1900, construyeron un mejor planeador, con alas más grandes. Este planeador tampoco funcionó muy bien, pero los hermanos no se dieron por vencidos. Experimentaron con un nuevo planeador en 1902. Luego, en 1903, construyeron el *Wright Flyer*, su primer avión con motor.

Los primeros en volar

El 17 de diciembre, los hermanos probaron el *Wright Flyer*. Orville puso en marcha los motores para darle potencia. Él **controlaba** el avión mientras Wilbur observaba el **despegue**. El avión se movió en

---

Leo que el primer vuelo de los hermanos Wright no tuvo éxito. Sin embargo, aprendieron mucho sobre cómo volar. Construyeron un planeador mejor, con alas más grandes.
Ahora entiendo por qué estos fracasos fueron importantes.

Tu turno

COLABORA

¿Cómo usaron los demás inventores las ideas de los hermanos Wright? Vuelve a leer las páginas 306 y 307.

Causa y efecto

Una causa es la razón por la que sucede algo. El efecto es la consecuencia. Los hechos suceden en un orden cronológico. Las palabras de enlace entonces, como consecuencia y a causa de, te ayudan a encontrar la causa y el efecto en un texto o cuento.

 Busca evidencias en el texto

En la página 305, leí que los Wright tuvieron que buscar un lugar más ventoso para volar. Este es el efecto. Ahora, puedo encontrar la causa. El viento no era lo suficientemente fuerte. La palabra entonces *me ayudó a encontrar la causa y el efecto.*

Causa	➡	Efecto
Primero		Entonces, los hermanos
Los vientos no eran lo suficientemente fuertes.	➡	buscaron un lugar donde el viento soplara más fuerte.
Después	➡	
Luego	➡	
Al final	➡	

COLABORA

Tu turno

Vuelve a leer la selección. Busca palabras de enlace para encontrar causa y efecto. Escríbelas en orden cronológico. Completa el organizador gráfico.

¡Conéctate! *Usa el organizador gráfico interactivo.*

Texto expositivo

"Los primeros en volar" es un texto expositivo. El **texto expositivo:**

- Presenta las causas y sus efectos en secuencia.
- Explica temas relacionados con la ciencia.
- Tiene títulos, fotografías o notas al margen.

Busca evidencias en el texto

Puedo saber que "Los primeros en volar" es un texto expositivo. Hay datos e información sobre cómo la gente comenzó a volar. También tiene títulos, fotografías con pies de foto y una nota al margen.

página 306

Su primer **vuelo** no tuvo éxito, pero esto les sirvió como experiencia y aprendieron muchas cosas relacionadas con el vuelo. Como consecuencia, en el año 1900, construyeron un mejor planeador, con alas más grandes. Este planeador tampoco funcionó muy bien, pero los hermanos no se dieron por vencidos. Experimentaron con un nuevo planeador en 1902. Luego, en 1903, construyeron el *Wright Flyer,* su primer avión con motor.

Los primeros en volar

El 17 de diciembre, los hermanos probaron el *Wright Flyer.* Orville puso en marcha los motores para darle potencia. Él **controlaba** el avión mientras Wilbur observaba el **despegue**. El avión se movió en dirección ascendente, y el vuelo duró doce segundos. Los hermanos Wright conquistaron la gravedad con **ingenio**. Ellos descubrieron el secreto de volar y continuaron mejorando sus aviones. Después, otras personas también intentaron

Alberto Santos-Dumont fue el tercer hombre en el mundo en pilotear un avión a motor.

¿Volará?

Haz un experimento relacionado con el vuelo usando aviones de papel.
Materiales que necesitas:
- lápiz • papel • regla

Instrucciones:
1. En pareja, hagan dos aviones de papel. Construyan las alas de cada avión de un tamaño diferente.
2. Suavemente, lancen uno de los aviones.
3. Midan y registren la distancia que voló el avión.
4. Túrnense para lanzar el avión cuatro veces más. Midan y registren la distancia recorrida cada vez.
5. Repitan el experimento con el otro avión.
6. Comparen los vuelos de los aviones. Luego, comenten lo que aprendieron.

306

Características del texto

Nota al margen Las notas al margen dan más información sobre un tema. A veces, contienen un experimento científico o instrucciones para hacer algo.

COLABORA

Tu turno

Observa las características del texto en la selección. Comenta en pareja lo que aprendiste.

Palabras con significados múltiples

Son palabras con más de un significado. Vuelve a leer la oración para intentar descubrir el significado prestando atención al contexto.

Busca evidencias en el texto

En la página 305 veo la palabra sueño, *que puede significar "ganas de dormir" o "deseo de lograr algo improbable". La clave de contexto "desde que su padre les había regalado" me ayuda a descubrir que* sueño *significa "un deseo profundo de conseguir algo improbable".*

Desde que su padre les había regalado un helicóptero de juguete, volar era su sueño.

Tu turno

Busca claves de contexto. Úsalas para comprender el significado de estas palabras.
segundos, *página 306*
volar, *página 307*

Escribir acerca del texto

Páginas 304–307

Mina

Respondí la pregunta: *¿Cómo hicieron los hermanos Wright para ayudar a la gente a volar?*

Ejemplo del estudiante:
Texto informativo

Enfoque en el tema
En mi primera oración presenté el tema.

> Los hermanos Wright descubrieron la manera de volar después de muchos experimentos.

Desarrollo del tema
Incluí datos del artículo para desarrollar el tema.

> Comenzaron con la construcción de planeadores. Aunque sus primeros planeadores no funcionaron bien, los dos hermanos no se dieron por vencidos. En 1903, construyeron su primer avión con motor y lograron

volar durante doce segundos.

Los hermanos Wright habían

conquistado la gravedad con este

corto vuelo. Luego, muchas otras

personas tuvieron la intención de

volar aviones también. ¡Pero fue

el duro trabajo de los hermanos

Wright el que hizo que

volar fuera posible!

Gramática

Este es un ejemplo de **verbo irregular** *tener,* **en pretérito.**

Manual de gramática página 483

Buen final
En la última oración resumí el párrafo, repitiendo la idea principal.

Tu turno

Explica cómo nos pueden ayudar los inventos, incluso cuando al principio fallan. Incluye evidencias del texto.

¡Conéctate!
Escribe tu respuesta en línea.
Usa tu lista de comprobación de edición.

¿? **Pregunta esencial**
¿Qué nos inspira?

¡Conéctate!

Ira Block/National Geographic/Getty images

Tú me inspiras

Danny conversa con los bomberos de su barrio para aprender todo sobre ellos. Danny piensa que son héroes por su valentía y por eso él también quiere ser bombero.

▶ La gente valiente y servicial nos inspira.

▶ Cuando nos sentimos inspirados queremos ayudar a los demás.

Coméntalo

COLABORA

Habla en pareja sobre cómo nos inspiran los demás. Escribe palabras relacionadas con la inspiración.

Inspiración

Vocabulario

Mira las fotos y lee las oraciones para comentar cada palabra con un compañero o una compañera.

reposo

Después de una semana de trabajo, mi madre necesita **reposo**.

Si el médico te indica reposo, ¿qué debes hacer?

sencillo

Las cosas **sencillas**, como las plantas del desierto, pueden ser muy bellas.

¿Conoces una palabra que significa lo opuesto a sencillo?

sentir

No **siento** tanto dolor cuando me dan una vacuna.

¿Tú qué sientes cuando te vacunan?

sereno

Los niños pueden nadar en el mar **sereno** porque no tiene olas grandes.

¿Alguna vez has nadado en un mar sereno?

Términos de poesía

verso libre

Cuando escribimos versos libres, no puede haber rima.

Explica por qué "Me gusta" es o no es un poema de verso libre.

poema narrativo

Escribimos un poema narrativo sobre la historia de la aviación.

¿Qué clase de historias son buenas para crear un poema narrativo?

repetición

Cuando en un poema se usa la misma palabra varias veces se llama repetición.

¿Por qué los poetas usan la repetición?

rima

Las palabras *gato* y *pato* riman porque terminan con el mismo sonido.

¿Por qué los poetas usan palabras que riman?

Tu turno

Elige tres palabras y escribe tres preguntas para tu compañero o compañera.

¡Conéctate! **Usa el glosario digital ilustrado.**

Me gusta

En este hermoso día de domingo
la mañana enciende el cielo
de zafiro y en las ramas nacen
las hojas como esmeraldas
pequeñas.

Me gusta este día
con su aire tibio matinal
en que resurge la alegría.

¿? Pregunta esencial

¿Qué nos inspira?

En este poema, el autor saca
inspiración de muchas cosas.

En este hermoso día
de domingo salgo a la
alegre cascada de padres,
abuelos, hijos y nietos
que bajan por la calle.

En este hermoso día de domingo
una anciana va a cruzar la calle
y un joven le ofrece su brazo amable.
Le agradece.

Me gusta la bondad
de aquellos que ayudan a otros
y hacen del mundo un lugar amable.

Noemí Villamuza

En este hermoso día de domingo
las libélulas cruzan impacientes
para romper el aire.

Me gusta observar a los insectos
porque su intenso vuelo nos trae
la alegría de la libertad.

Este día de domingo ya termina.
En casa espera una cena de legumbres
y de pan recién horneado
con levadura de amor materno.

Me gusta la primavera
con flores y pájaros que visten
la vida de colores
y el tibio sol que renueva
cada día la esperanza.

Hugo García

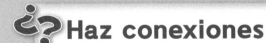

¿? Haz conexiones

¿Qué inspira al autor de este poema? PREGUNTA ESENCIAL

De todas las cosas que describe el autor, ¿qué es lo que te inspira a ti? EL TEXTO Y TÚ

Poema narrativo y verso libre

Poema narrativo: • Cuenta una historia. • A menudo tiene estrofas, o grupos de versos. • A veces tiene rima.
Verso libre: • No tiene rima. • A veces cuenta una historia y otras, expresa los sentimientos del poeta.

 Busca evidencias en el texto

Creo que "Me gusta" es un poema narrativo porque expresa los sentimientos del poeta y cuenta un pequeño cuento. Es verso libre porque no tiene rima.

página 319

En este hermoso día
de domingo salgo a la
alegre cascada de padres,
abuelos, hijos y nietos
que bajan por la calle.

En este hermoso día de domingo
una anciana va a cruzar la calle
y un joven le ofrece su brazo amable.
Le agradece.

Me gusta la bondad
de aquellos que ayudan a otros
y hacen del mundo un lugar amable.

"Me gusta" es un poema narrativo porque cuenta una pequeña historia.

Tu turno

Vuelve a leer "Me gusta". Explica por qué es un poema narrativo.

Tema

El tema es el mensaje principal o la enseñanza que deja el poema. Los detalles te ayudan a determinar el tema.

Busca evidencias en el texto

Los poemas de esta semana hablan de la inspiración pero cuentan diferentes historias. El autor de "Me gusta" nos cuenta lo que lo inspira.

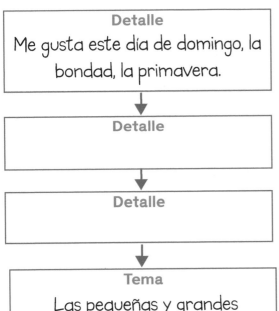

Detalle
Me gusta este día de domingo, la bondad, la primavera.

↓

Detalle

↓

Detalle

↓

Tema
Las pequeñas y grandes cosas que llenan el alma y nos hacen felices.

Tu turno

Vuelve a leer "Me gusta". Busca más detalles que apoyen el tema y escríbelos en tu organizador gráfico.

¡Conéctate!
Usa el organizador gráfico interactivo.

Repetición y rima

Hay repetición en un poema cuando se repiten palabras o frases. Hay **rima** cuando dos o más palabras terminan con el mismo sonido, por ejemplo, *cantaba y jugaba.*

 Busca evidencias en el texto

Vuelve a leer el poema en voz alta. Busca las palabras o frases que se repiten. Piensa por qué el poeta usó la repetición.

página 321

Me gusta observar a los insectos
porque su intenso vuelo nos trae
la alegría de la libertad.

Este día de domingo ya termina.
En casa espera una cena de legumbres
y de pan recién horneado
con levadura de amor materno.

Me gusta la primavera
con flores y pájaros que visten
la vida de colores
y el tibio sol que renueva
cada día la esperanza.

Hugo García

En estas estrofas el poeta repite las palabras me gusta. La repetición le da al poema un ritmo musical. Me ayuda a entender cómo impacta sobre sus sentidos el contacto con la naturaleza.

 COLABORA

Tu turno

Vuelve a leer "Me gusta". Encuentra otros ejemplos de repetición.

Noemí Villamuza

324

Metáfora

Una metáfora compara dos cosas muy distintas sin usar la palabra *como*. Te ayuda a imaginar y a visualizar. *Sus dientes eran perlas blancas* es una metáfora porque compara los dientes con perlas. Esta metáfora me ayuda a imaginar unos dientes blancos y bellos.

Busca evidencias en el texto

A veces los poetas comparan dos cosas y nombran solo una. En la página 319, leo *En este hermoso día de domingo.... que bajan por la calle*. Esta es una metáfora porque, compara a las familias con una cascada. Esta metáfora me ayuda a imaginar a las familias que van felizmente de paseo el domingo.

> En este hermoso día de
> domingo salgo a la
> alegre cascada de padres,
> abuelos, hijos y nietos
> que bajan por la calle.

Tu turno

Vuelve a leer el poema "Me gusta". Encuentra otra metáfora. ¿Qué cosas compara? ¿Qué te ayuda a visualizar?

Escribir acerca del texto

Páginas 318–321

Juan

Seguí la instrucción: *Escribe un poema de verso libre sobre alguien que sea inspirador para ti. Usa lenguaje figurado y repetición.*

Ejemplo del estudiante:
Texto narrativo

Mi hermano mayor

Mi hermano es un oso pero sin las

garras.

Él es grande y fuerte, pero

nunca malo.

Le gusta luchar y lanzar a la

canasta.

Él puede derribar a sus oponentes,

y hasta realizar un mate.

Lenguaje figurado
Comencé con una metáfora para presentar el tema de mi poema.

Palabras expresivas
Incluí palabras expresivas para ayudar a los lectores a visualizar a mi hermano.

Siempre ha sido amable con los

niños pequeños

y los protege de los matones.

    Él es el mejor hermano;

el mejor hermano que jamás

hayas visto.

Gramática

Este es un ejemplo de **verbo en pretérito perfecto.**

Manual de gramática página 487

Repetición

Al final del poema repetí que mi hermano es el mejor para estar seguro de que el lector entendió mi mensaje.

Tu turno

Escribe un poema de verso libre sobre alguien que pienses que es inspirador. Usa lenguaje figurado y repetición.

¡Conéctate!
Escribe tu respuesta en línea.
Usa tu lista de comprobación de edición.

¡Manos a la obra!

La gran idea

¿Cómo ponemos
manos a la obra?

Lavando nubes

El viento está lavando nubes.
Toma una nube negra,
la empapa en lluvia,
la retuerce enseguida,
la golpea contra el molino,
nos moja el campo,
lava el cielo,
y sale la nube blanca,
de negra que era,
para ir a colgarse
en el hilo del horizonte
a secarse.

Alfredo Mario Ferreiro

¿? **Pregunta esencial**
¿Cómo conseguimos lo que necesitamos?

¡Conéctate!

limonada

Dar y recibir

Los niños tienen sed y quieren un vaso de la limonada que está vendiendo Susana. Ellos esperan en fila para obtener lo que quieren y necesitan. Pagan la limonada de diferentes formas.

► Algunos pagarán con dinero.

► Otros harán un trueque o intercambio.

► Susana también recibe lo que necesita. Ella quiere ahorrar dinero para comprar una nueva bicicleta.

Coméntalo

Escribe cuatro palabras que indiquen cómo puedes obtener lo que necesitas. Habla en pareja sobre las distintas maneras en que puedes obtener las cosas que necesitas o deseas.

Obtener lo que necesitas

Vocabulario

Mira las fotos y lee las oraciones para comentar cada palabra con un compañero o una compañera.

congelar

En invierno, el agua del lago se **congela**.

¿Dónde congelas los alimentos?

granero

Después de la cosecha, el cereal se guarda en un **granero**.

¿Dónde hay graneros: en el campo o en las ciudades? ¿Por qué?

hacendoso

Como mi abuelo es muy **hacendoso**, su casa está siempre bien pintada.

¿Qué hacen las personas hacendosas?

huerto

Marta cultiva tomates en su **huerto**.

¿Qué otras cosas se pueden cultivar en un huerto?

labranza

La **labranza** de los campos es una tarea sacrificada.

¿Conoces alguna herramienta que se use para la labranza?

pago

Mamá compró el jarrón de nuestro vecino y realizó un solo **pago**.

¿Qué utilizamos para realizar un pago?

simiente

La **simiente** necesita agua para germinar.

¿Qué otras cosas necesita la simiente para germinar?

trueque

Amy hace un **trueque**. Ella intercambia una manzana por un dulce con Kim.

¿Conoces una palabra que significa casi lo mismo que trueque?

Tu turno

COLABORA

Elige tres palabras y escribe tres preguntas para tu compañero o compañera.

¡Conéctate! *Usa el glosario digital ilustrado.*

Gracias a la amistad

Sebastián Olaso

Luis Fernández

Pregunta esencial

¿Cómo conseguimos lo que necesitamos?

Lee y descubre cómo dos niños consiguieron
lo que sus pueblos necesitaban.

Dos niños se encuentran en la playa de una isla tropical. En la orilla se ven los restos de una embarcación en muy mal estado. Al fondo se ven un huerto y un **granero**.

(Al abrirse el telón, un niño esquimal se baja de la embarcación y camina por la playa. Está vestido como si estuviera en el polo. Se agita las ropas porque tiene muchísimo calor).

El niño esquimal: *(resopla).* ¡Estas pieles abrigan demasiado! ¿Por qué no me di cuenta antes?

(Un niño tropical, vestido con ropas de verano y una vincha colorida, se acerca corriendo).

El niño tropical: ¡Oye, tú! ¿Te has perdido? ¿Por qué estás vestido así?

El niño esquimal: *(se da vuelta sorprendido).* Creo que sí me he perdido. Nunca había visto un lugar como este. Tengo mucho calor con estas pieles.

El niño tropical: ¿De dónde vienes? *(Se interrumpe, mira bien al niño esquimal y vuelve a hablar).* Supongo que no vienes a hacer guerra. ¿Vienes a visitarnos?

El niño esquimal: *(afirma con la cabeza).* No era mi intención llegar hasta aquí. No quiero molestar.

El niño tropical: Está bien. Entonces, considerando que te has perdido y que eres amigo, ¿puedo ayudarte en algo? Mis padres siempre dicen que soy muy **hacendoso**.

El niño esquimal: *(se toca las pieles que lo cubren).* ¿Tienes alguna piel menos abrigada para ofrecerme? Y, disculpa, pero ¿no tienes miedo de **congelarte** tan desabrigado?

El niño tropical: *(se golpea el pecho con valentía).* No. Yo no le tengo miedo a nada. Tampoco tengo pieles. Pero si tienes hambre, puedo ofrecerte algo fresco para comer. Allí tenemos el **huerto** *(señala hacia el huerto).*

El niño esquimal: *(mira hacia el huerto con extrañeza).* ¿Para qué sirve un huerto?

El niño tropical: *(con seguridad).* El huerto es donde crecen las hortalizas. Las hortalizas es lo que nos alimenta.

El niño esquimal: *(confundido).* Entonces, ¿aquí hace calor? ¿No es que mi piel es muy...?

El niño tropical: *(sonríe).* Esto es el trópico, amigo.

El niño esquimal: *(mira a su alrededor y finalmente comprende).* ¡Con razón! ¡Es que la tormenta me ha hecho perder el rumbo!

El niño tropical: Ven, vamos al granero. Te voy a enseñar lo que produce la **simiente**. Y ahí tenemos algunas cosas preparadas para comer.

El niño esquimal: *(se le ocurre una idea y habla con entusiasmo).* Nosotros vivimos de la pesca, también tenemos mucho hielo para ofrecer. Pero allí, en mi tierra, la gente no quiere tanto hielo. Me gustaría probar las hortalizas de las que hablas.

(Los niños van hacia el granero y allí el niño esquimal prueba unas galletas y unas frutas frescas. Se queda encantado).

El niño tropical: *(también con entusiasmo).* ¿Qué es el hielo?

El niño esquimal: El hielo es cuando el agua se pone dura porque está muy fría.

El niño tropical: Me gustaría probarlo. Ustedes nos podrían vender un poco de hielo, y nosotros, que somos expertos en **labranza**, podríamos acordar el **pago** con frutas, hortalizas y verduras.

El niño esquimal: *(con más entusiasmo).* ¡Eso sería un **trueque**! ¡Sería fantástico! ¡Nuestra vida mejorará mucho con el intercambio!

El niño tropical y el niño esquimal: ¡Nuestros pueblos progresarán gracias a que nos hemos conocido!

El niño tropical: Y todo esto gracias a la tormenta que te trajo hasta aquí, por equivocación.

(Se cierra el telón).

¿Haz conexiones

¿Cómo hicieron los niños para conseguir lo que cada uno necesitaba? **PREGUNTA ESENCIAL**

Nombra distintas maneras de conseguir lo que necesitas. **EL TEXTO Y TÚ**

Luis Fernández

Resumir

Para resumir un cuento, tienes que encontrar los sucesos más importantes y contarlos con tus propias palabras. Identifica los sucesos para resumir "Gracias a la amistad".

 ## Busca evidencias en el texto

Mira la página 336. ¿Cómo se conocieron los niños? Identifica los detalles clave y luego resume la obra con tus propias palabras.

página 336

El niño tropical: Está bien. Entonces, considerando que te has perdido y que eres amigo, ¿puedo ayudarte en algo? Mis padres siempre dicen que soy muy **hacendoso**.

El niño esquimal: *(se toca las pieles que lo cubren)*. ¿Tienes alguna piel menos abrigada para ofrecerme? Y, disculpa, pero ¿no tienes miedo de **congelarte** tan desabrigado?

El niño tropical: *(se golpea el pecho con valentía)*. No. Yo no le tengo miedo a nada. Tampoco tengo pieles. Pero si tienes hambre, puedo ofrecerte algo fresco para comer. Allí tenemos el **huerto** *(señala hacia el huerto)*.

El niño esquimal: *(mira hacia el huerto con extrañeza)*. ¿Para qué sirve un huerto?

El niño tropical: *(con seguridad)*. El huerto es donde crecen las hortalizas. Las hortalizas es lo que nos alimenta.

El niño esquimal: *(confundido)*. Entonces, ¿aquí hace calor? ¿No es que mi piel es muy...?

El niño tropical: *(sonríe)*. Esto es el trópico, amigo.

El niño esquimal: *(mira a su alrededor y finalmente comprende)*. ¡Con razón! ¡Es que la tormenta me ha hecho perder el rumbo!

El niño tropical: Ven, vamos al granero. Te voy a enseñar lo que produce la **simiente**. Y ahí tenemos algunas cosas preparadas para comer.

El niño esquimal: *(se le ocurre una idea y habla con entusiasmo)*. Nosotros vivimos de la pesca, también tenemos mucho hielo para ofrecer. Pero allí, en mi tierra, la gente no quiere tanto hielo. Me gustaría probar las hortalizas de las que hablas.

(Los niños van hacia el granero y allí el niño esquimal prueba unas galletas y unas frutas frescas. Se queda encantado).

Leí que *el niño tropical encuentra al niño esquimal y le ofrece ayuda*. Juntos se dan cuenta de que en la tierra de cada uno hay cosas que el otro necesita. Estos detalles me ayudan a resumir.

Tu turno

COLABORA

Vuelve a leer "Gracias a la amistad". Resume los sucesos más importantes y cuenta cómo termina el encuentro entre los dos niños.

Punto de vista

Los personajes de un cuento tienen opiniones sobre los sucesos y otros personajes. Este es su punto de vista. Presta atención a las acciones y las palabras de un personaje para entender su punto de vista.

Busca evidencias en el texto

¿Cuáles son los sentimientos del niño tropical con respecto al niño esquimal? Volveré a leer para ver lo que dice y hace. Estos detalles me ayudarán a identificar el punto de vista del niño tropical.

Detalles
El niño tropical lo considera un amigo.
Le ofrece ayuda y comida.

↓

Punto de vista

Tu turno

Vuelve a leer "Gracias a la amistad". Busca otros detalles del punto de vista del personaje y escríbelos en el organizador. ¿Estás de acuerdo con el punto de vista del niño tropical?

¡Conéctate!
Usa el organizador gráfico interactivo.

Obra de teatro

"Gracias a la amistad" es una **obra de teatro** porque:

- Puede ser actuada sobre un escenario.
- Tiene personajes que dialogan.
- Tiene acotaciones que indican a los personajes cómo actuar.

 Busca evidencias en el texto

Sé que "Gracias a la amistad" es una obra de teatro porque el niño tropical y el niño esquimal dialogan en un escenario.

página 335

Dos niños se encuentran en la playa de una isla tropical. En la orilla se ven los restos de una embarcación en muy mal estado. Al fondo se ven un huerto y un **granero**.

(Al abrirse el telón, un niño esquimal se baja de la embarcación y camina por la playa. Está vestido como si estuviera en el polo. Se agita las ropas porque tiene muchísimo calor).

El niño esquimal: *(resopla).* ¡Estas pieles abrigan demasiado! ¿Por qué no me di cuenta antes?

(Un niño tropical, vestido con ropas de verano y una vincha colorida, se acerca corriendo).

El niño tropical: ¡Oye, tú! ¿Te has perdido? ¿Por qué estás vestido así?

El niño esquimal: *(se da vuelta sorprendido).* Creo que sí me he perdido. Nunca había visto un lugar como este. Tengo mucho calor con estas pieles.

El niño tropical: ¿De dónde vienes? *(Se interrumpe, mira bien al niño esquimal y vuelve a hablar).* Supongo que no vienes a hacer guerra. ¿Vienes a visitarnos?

El niño esquimal: *(afirma con la cabeza).* No era mi intención llegar hasta aquí. No quiero molestar.

Las **acotaciones** son instrucciones que el autor da a los personajes de cómo moverse, qué gestos hacer y qué sentimientos deben expresar.

La **escenografía** es el decorado del escenario.

El **diálogo** es lo que dicen los personajes.

 COLABORA

Tu turno

Comenta con un compañero o una compañera sobre la enseñanza que les dejó la obra.

Luis Fernández

Raíces de palabras

La raíz es la parte de la palabra que no cambia. Cuando lees una palabra desconocida, fíjate en su raíz para intentar descubrir su significado.

Busca evidencias en el texto

En la página 335 veo la palabra granero. *Sé que la raíz* gran- *se encuentra en la palabra* granero *y que significa* grano. *Por lo tanto,* granero *es el lugar donde se guardan los granos del trigo.*

Dos niños se encuentran en la playa de una isla tropical. En la orilla se ven los restos de una embarcación en muy mal estado. Al fondo se ven un huerto y un **granero**.

Tu turno

Identifica la raíz de estas palabras para averiguar su significado.

mejorará, *página 337*

progresarán, *página 337*

Comenta el significado de las palabras con un compañero o una compañera.

Luis Fernández

Escribir acerca del texto

Páginas 334–337

Olivia

Seguí la instrucción: *Al final de la historia, añade un diálogo entre los niños y los papás del niño tropical.*

Diálogo
Escribí un diálogo para mostrar lo que sienten los personajes.

Estructura de las oraciones
Usé diferentes tipos de oraciones para que mi historia fuera más interesante al leer.

—En mi tierra tenemos mucho hielo y pesca abundante—dijo el niño esquimal—, pero no podemos cultivar frutas. Por eso queremos intercambiar los productos para que todos podamos beneficiarnos.

—Es una excelente idea —dijeron los papás del niño tropical—. ¿Ya pensaron cómo lo harán?

Los niños se miraron. Ellos no habían previsto las dificultades.

—Ahora lo pensaremos y luego les pediremos consejo —dijeron.

—¡Qué niños tan generosos e inteligentes! ¡Cuántas cosas harán por sus pueblos! —dijeron los papás con orgullo.

Gramática

Este es un ejemplo de **pronombre personal**.

Manual de gramática página 488

Buen final
La última oración muestra lo orgullosos que se sienten los papás del niño tropical.

Tu turno

Escribe un diálogo entre los dos niños y los padres del niño esquimal.

¡Conéctate!
Escribe tu respuesta en línea.
Usa tu lista de comprobación de edición.

Luis Fernández

Concepto semanal ¡A reciclar!

Pregunta esencial
¿Cómo rescatar cosas usadas?

¡Conéctate!

¡A reciclar!

Los neumáticos viejos pueden ser reutilizados para hacer columpios o para construir paredes. También sirven para armar arrecifes para los animales en el fondo del mar.

► Casi todo lo que usamos se puede reciclar.

► Reutilizar las cosas usadas es bueno para nuestro planeta Tierra.

► Debemos reutilizar y reciclar todo lo que podamos.

Coméntalo

Escribe tres palabras que se relacionen con el reciclaje. Habla en pareja sobre las distintas formas de reciclar.

Reciclar

(l) Roger Bamber/Alamy; (r) Wilfredo Lee/AP Photo

Vocabulario

Mira las fotos y lee las oraciones para comentar cada palabra con un compañero o una compañera.

antepasado

Mis **antepasados** son de origen chino.

¿Tu familia conserva algún objeto de tus antepasados?

arder

En el verano, los árboles pueden **arder** con facilidad.

¿Conoces una palabra que signifique lo opuesto de arder?

conservación

La bombilla de Carlos ahorra energía y es un buen ejemplo de **conservación**.

¿Puedes dar otro ejemplo de conservación?

envejecer

Es hermoso **envejecer** acompañados por los seres queridos.

¿Envejecen las cosas cuando quedan a la intemperie?

oficio

Me gustaría aprender el **oficio** de cerrajero.

¿Conoces otra palabra que signifique casi lo mismo que oficio?

oxidado

Juan y su papá cambian una pieza **oxidada** de la bicicleta.

¿Qué color tiene algo que está oxidado?

reciclar

Sara quiere **reciclar** los envases vacíos.

¿Qué otras cosas puedes reciclar?

serrar

Daniel comenzó a **serrar** la madera para fabricar estantes.

¿Con qué herramienta puedes serrar?

Tu turno

COLABORA

Elige tres palabras y escribe tres preguntas para tu compañero o compañera.

¡Conéctate! *Usa el glosario digital ilustrado.*

El bicicletero

Laia Cortés

¿? Pregunta esencial

¿Cómo rescatar cosas usadas?

Lee acerca de cómo un estudiante de arte comienza a reciclar bicicletas en una gran ciudad.

David Pintor

Cuando era estudiante de arte, me fui a vivir a Nueva York, la ciudad de donde venían mis **antepasados**. Ahí hay mucha gente de todas partes del mundo. Lo que más me gusta de esta ciudad es que las personas caminan mucho de un lado para otro. También usan el metro, un tren subterráneo. Pero otras, prefieren usar la bicicleta.

Lo bueno de la ciudad de Nueva York es que es plana. Por eso, andar en bicicleta es fácil y hasta agradable. Entonces, decidí comprarme una bicicleta para ir de la escuela a la casa. No solo era más divertido, sino que además era un buen ejercicio. Sin embargo, hay un inconveniente: cuando nieva no se puede andar en bicicleta.

Un día dejé mi bicicleta asegurada a un poste de luz en la calle y cuando regresé, le faltaban las ruedas y el asiento. Lo que me quedaba de bicicleta no era mucho pero decidí llevármela como estaba. Pensé que podía comprarle ruedas nuevas y un asiento.

En la ciudad hay muchas bicicletas incompletas en la calle. A veces los autos las aplastan. Otras, el sol **arde** tan fuerte que les quema el asiento y se les derriten los rayos de las ruedas. Sus dueños, al encontrarlas incompletas, las dejan ahí para siempre porque no saben qué hacer con ellas. Yo, en cambio, decidí hacer algo con todas esas partes de bicicletas olvidadas.

Así empezó mi nuevo **oficio**: el de bicicletero.

En el barrio donde vivía, empezaron a traerme sus bicicletas rotas para arreglarlas. Yo encontraba las partes de bicicletas olvidadas en la calle y las **reciclaba**. Poco a poco me volví famoso y tuve la necesidad de alquilar un espacio más grande para arreglar y reconstruir bicicletas con partes usadas.

Por fin, conseguí un garaje que compartí con un amigo. Ahí puse un cartel "Se arreglan bicicletas". En mi estudio tenía herramientas para **serrar** el metal. También tenía que pintar las partes que se habían **oxidado** con la lluvia. Hay bicicletas que he rescatado completamente destruidas porque han **envejecido** con el tiempo. La única manera para su **conservación** es pintarlas con una pintura especial que las protege de la humedad. Pero antes de pintar hay que lijarlas bien.

Ahora tengo un pequeño camión. Los domingos salgo a dar una vuelta por los diferentes barrios de la ciudad para buscar bicicletas olvidadas. ¿Y cómo sé que una bicicleta ha sido olvidada? Porque están oxidadas y con las llantas desinfladas. También lo sé porque no tienen asiento, ni ruedas. Estas son las bicicletas que las personas prefieren olvidar. En lugar de llevárselas a casa para arreglarlas, las abandonan.

A veces encuentro solo una rueda asegurada contra un poste. Otras, encuentro el armazón sin las ruedas. Lo más difícil de encontrar son los asientos. Pero cuando reúno las partes, puedo reciclar hasta tres bicicletas en una semana.

Un día en la playa encontré una bicicleta. Estaba sobre la

arena completamente oxidada. La llevé a casa y cuando terminé de arreglarla me habló. Oí una voz cansada que me dijo "gracias". Cuando intenté descubrir quién había hablado, volvió a repetirlo. Es la única bicicleta que he oído hablar en mi vida. Luego me contó su historia.

La bicicleta tenía 80 años y la habían fabricado en Nueva York. Cuando me dijo el apartamento donde había vivido con una familia, me di cuenta de que esta bicicleta había pertenecido a mi abuelo. Yo no conocí a mi abuelo, pero a través de esta bicicleta pude saber muchas cosas de él. Y por eso, ahora sé que en mi familia ya habían practicado mi oficio: el de bicicletero.

A mi abuelo le encantaban las bicicletas. Lo conocían en el barrio por tener tres, todas diferentes. Le gustaba hacer carreras pero también le gustaba repararlas. Ahora bien, en ese tiempo no había mucha gente con bicicleta. Mi abuelo era una persona especial, y la bicicleta que yo encontré en la playa también. Era una bicicleta armada por él.

¿¿? Haz conexiones

¿Cuál fue el problema con el que se encontró el personaje? ¿Qué decidió hacer para resolverlo?
PREGUNTA ESENCIAL

¿Alguna vez reciclaste algo para resolver un problema? ¿Cómo funcionó?
EL TEXTO Y TÚ

Resumir

Cuando resumes, vuelves a contar los sucesos más importantes de un cuento con tus propias palabras. Identifica estos sucesos para resumir "El bicicletero".

Busca evidencias en el texto

Sabemos que el estudiante encontró su bicicleta incompleta. ¿Cómo hizo para seguir andando en bicicleta? Resume con tus propias palabras.

---

página 349

Cuando era estudiante de arte, me fui a vivir a Nueva York, la ciudad de donde venían mis **antepasados**. Ahí hay mucha gente de todas partes del mundo. Lo que más me gusta de esta ciudad es que las personas caminan mucho de un lado para otro. También usan el metro, un tren subterráneo. Pero otras, prefieren usar la bicicleta.

Lo bueno de la ciudad de Nueva York es que es plana. Por eso, andar en bicicleta es fácil y hasta agradable. Entonces, decidí comprarme una bicicleta para ir de la escuela a la casa. No solo era más divertido, sino que además era un buen ejercicio. Sin embargo, hay un inconveniente: cuando nieva no se puede andar en bicicleta.

Un día dejé mi bicicleta asegurada a un poste de luz en la calle y cuando regresé, le faltaban las ruedas y el asiento. Lo que me quedaba de bicicleta no era mucho pero decidí llevármela como estaba. Pensé que podía comprarle ruedas nuevas y un asiento.

En la ciudad hay muchas bicicletas incompletas en la calle. A veces los autos las aplastan. Otras, el sol **arde** tan fuerte que les quema el asiento y se les derriten los rayos de las ruedas. Sus dueños, al encontrarlas incompletas, las dejan ahí para siempre porque no saben qué hacer con ellas. Yo, en cambio, decidí hacer algo con todas esas partes de bicicletas olvidadas.

Así empezó mi nuevo **oficio**: el de bicicletero.

> *El estudiante encontró su bicicleta sin ruedas y sin asiento. En lugar de dejar su bicicleta ahí, decidió arreglarla con partes usadas.*
>
> *Esto hizo que se diera cuenta de que podía reutilizar partes de bicicletas para armar las incompletas.*

Tu turno

COLABORA

Vuelve a leer "El bicicletero". Resume los sucesos más importantes para contar cómo logró resolver el problema.

David Pintor

Punto de vista

Los personajes tienen opiniones sobre otros personajes o sobre los sucesos del cuento. Este es el punto de vista. Fíjate en lo que hace y dice el personaje principal e identifica su punto de vista.

Busca evidencias en el texto

¿Qué siente el personaje principal acerca del reciclaje? Volveré a leer para recordar lo que dice y hace. Esos detalles me ayudarán a identificar su punto de vista.

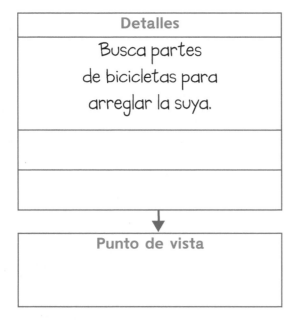

Detalles
Busca partes de bicicletas para arreglar la suya.

Punto de vista

Tu turno

Vuelve a leer "El bicicletero". Identifica la opinión del personaje sobre la reutilización de las cosas y escríbela en el organizador. ¿Estás de acuerdo con su punto de vista?

¡Conéctate!
Usa el organizador gráfico interactivo.

353

Fantasía

El cuento "El bicicletero" es **fantasía**.

Sabemos que es fantasía porque:

- Hay un personaje que es un objeto y que habla.
- Deja una enseñanza.

 ## Busca evidencias en el texto

Sé que "El bicicletero" es fantasía porque la bicicleta conversa con el personaje principal y eso no puede suceder en la vida real. Además, el cuento nos deja una enseñanza.

página 348

CCSS Lectura compartida · Género · Fantasía

El
bicicletero
Laia Cortés

¿? Pregunta esencial
¿Cómo rescatar cosas usadas?
Lee acerca de cómo un estudiante de arte
comienza a reciclar bicicletas en una gran ciudad.

348

Ilustraciones Las ilustraciones nos muestran más detalles sobre los personajes, el ambiente o los sucesos del cuento.

Tu turno COLABORA

Busca la enseñanza que te deja este cuento. Comenta en pareja por qué es fantasía y cuál es la enseñanza.

Homógrafos

Los homógrafos son palabras que se escriben igual pero tienen distinto significado. Usa el contexto de la oración para determinar el significado de un homógrafo.

 Busca evidencias en el texto

En la página 349, veo la palabra metro. *Sé que en el lenguaje diario* metro *puede significar* "tren urbano que va por debajo de la tierra" *o* "unidad de medida". *Volveré a leer la oración para ver con qué significado se usó la palabra. En esta oración* metro *significa* "tren urbano que va por debajo de la tierra".

También usan el metro, un tren subterráneo.

 COLABORA

Tu turno

Usa claves de contexto para averiguar los dos significados de estos homógrafos.

partes, *página 349*
rayos, *página 349*
rotas, *página 350*

David Pintor

Escribir acerca del texto

Páginas 348–351

Jayla

Seguí la instrucción: *Añade un suceso al final de la historia. Haz que el bicicletero se reúna con un amigo y le cuente cómo resolvió su problema.*

Ejemplo del estudiante:
Texto narrativo

Ambiente
En la primera oración digo dónde y cuándo sucede la escena.

Lenguaje sensorial
Usé palabras vívidas para describir cómo se siente el bicicletero.

El bicicletero se sentó una noche a cenar con un amigo.

—¡Ya puedo reciclar hasta tres bicicletas en una semana! —contó con satisfacción.

Su amigo lo miró admirado.

—¿Cómo lo conseguiste?

—Cuando encontré la primera bicicleta desmantelada, decidí

arreglarla en lugar de descartarla —explicó el bicicletero—. Yo nunca pensé que este sería mi oficio. Pero luego los vecinos me pedían que arreglara sus bicicletas. Aprendí que reciclar es una gran idea y puede convertirse en tu medio de vida.

Gramática

Este es un ejemplo de **pronombre personal.**

Manual de gramática página 488

Desarrollo de los personajes
Incluí las palabras del bicicletero para mostrar sus sentimientos sobre el reciclaje.

Tu turno

Añade un suceso al final de la historia. El bicletero tiene que contarle a su amigo por qué es importante reciclar.

¡Conéctate!
Escribe tu respuesta en línea.
Usa tu lista de comprobación de edición.

TRABAJO EN EQUIPO

Sasha está entrenada para rescatar gente. Ella y su equipo trabajan juntos para buscar y ayudar a las personas que se han perdido en la nieve.

▶ Existen muchos equipos diferentes.

▶ Debe haber confianza y buena comunicación dentro de un equipo.

▶ Las cosas más difíciles se logran con el trabajo en equipo.

Coméntalo

Escribe palabras relacionadas con el trabajo en equipo. Comenta en pareja cómo trabajan juntos los equipos.

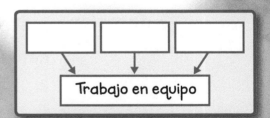

Trabajo en equipo

Vocabulario

Mira las fotos y lee las oraciones para comentar cada palabra con un compañero o una compañera.

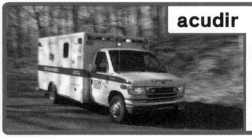

acudir

Una ambulancia debe **acudir** rápidamente a una emergencia.

¿Qué más debe acudir rápidamente a una emergencia?

accidental

Jason tropezó de forma **accidental** y provocó un desorden.

¿Qué significa la palabra accidental?

dañino

Si eres alérgico, la hiedra venenosa puede ser **dañina** para tu piel.

¿Qué otras cosas pueden ser dañinas?

desastre

Los tornados y otros **desastres** naturales causan muchos daños.

¿Conoces otros desastres naturales?

descuidado

Por **descuidado**, Henry derramó la leche.

¿Qué palabra significa lo opuesto a descuidado?

equipo

Los bomberos usan **equipos** especiales para combatir incendios.

¿Qué equipo necesita un astronauta?

prevención

David enseña a los niños sobre la **prevención** de incendios.

¿Te gustaría aprender sobre la prevención de incendios?

propósito

El **propósito** de un casco es proteger la cabeza de Jay.

¿Cuál es el propósito de los guantes?

Tu turno

COLABORA

Elige tres palabras y escribe tres preguntas para tu compañero o compañera.

¡Conéctate! *Usa el glosario digital ilustrado.*

Perros al rescate

¿? Pregunta esencial

¿Cómo trabajan juntos los equipos?

Lee sobre cómo ayudan los perros

Los perros de rescate están entrenados para ir donde se les necesite.

Los equipos de rescate **acuden** rápidamente para ayudar a las personas que están en problemas. Son héroes valientes. Pero los héroes no siempre son personas. ¡También pueden ser perros!

Los perros de rescate también son héroes

Los perros de rescate siempre están listos para trabajar con la policía, los bomberos y otros rescatistas. Son buenos encontrando personas perdidas. Han rescatado familias enteras en terremotos y otros **desastres**. Trabajan en cualquier clima. Pero lo mejor es que pueden hacer su trabajo sin un **equipo** especial. ¡Solo necesitan sus excelentes oídos y un buen hocico!

Son inteligentes y valientes. Escuchan las órdenes con atención y hacen su trabajo aunque estén cansados, con hambre o sed. Son mansos y se llevan bien con sus adiestradores, las personas que trabajan con ellos. Además deben ser obedientes y responder a las órdenes.

Ciertas razas son más fáciles para entrenar. La border collie es una raza que se usa mucho en desastres y emergencias. Estos perros pueden trabajar muchas horas sin cansarse. Sin embargo, los perros no sólo necesitan energía. También deben aprender a obedecer órdenes y, para eso, necesitan mucho entrenamiento.

Cómo se entrenan

Los perros de rescate se entrenan desde cachorros. Puede llevar más de dos años entrenarlos. Pero luego están listos para salvar a quienes están en situaciones **dañinas** o peligrosas.

Ellos trabajan al aire libre con calor, con frío o mal tiempo. Corren, saltan y trepan durante muchas horas todos los días. Además, aprenden a ignorar lo que pasa a su alrededor mientras trabajan. Esto los ayuda a concentrarse y evita que cometan errores por ser **descuidados**.

Todo lo que aprenden tiene un **propósito**, ni la amistad es **accidental**. El perro y la gente con la que trabaja deben aprender a comunicarse en equipo. Hay confianza entre ellos. Y, cuando han practicado y entrenado lo suficiente, están listos para participar, o tomar parte, en una verdadera misión de rescate.

Los perros de rescate siempre están listos para zambullirse y ayudar.

Las mejores razas de perros de rescate			
Estas razas son excelentes perros de rescate.			
Raza	**labrador retriever**	**ovejero alemán**	**sabueso**	**border collie**
Característica de rescate	amigable	valiente	buen olfato	mucha energía y resistencia

¡Buen chico!

Cuando alguien está perdido, el perro de rescate olfatea el aire y el suelo para encontrarlo. Su olfato está mucho más desarrollado que el de las personas. Puede oler a una persona atrapada bajo cuatro metros de nieve. Al hallar algo, ladra para alertar a su compañero. Como el rescatista confía en él, el equipo trabaja rápido para salvar una vida. Luego de un rescate, se le recompensa con elogios y regalos.

A veces, los equipos de rescate van a las escuelas a enseñar a los niños sobre seguridad y **prevención** de desastres. Les muestran cómo mantenerse a salvo y qué hacer en una emergencia. Es un trabajo divertido para los perros de rescate. Reciben mucha atención por hacer lo que mejor saben: ayudar a las personas. ¡Los perros de rescate realmente son héroes!

Este equipo trabaja en montañas nevadas.

¿? Haz conexiones

¿Cómo trabajan juntos rescatistas y perros de rescate? PREGUNTA ESENCIAL

¿Te gustaría trabajar con un perro de rescate? EL TEXTO Y TÚ

Tom Bear/Aurora/Getty Images

Hacer y responder preguntas

Haz una pausa y piensa en alguna pregunta mientras lees. Luego, vuelve a leer para hallar detalles que apoyen tu respuesta.

 Busca evidencias en el texto

Vuelve a leer "Los perros de rescate también son héroes". Piensa en una pregunta y vuelve a leer para responderla.

página 363

Los equipos de rescate **acuden** rápidamente para ayudar a las personas que están en problemas. Son héroes valientes. Pero los héroes no siempre son personas. ¡También pueden ser perros!

Los perros de rescate también son héroes

Los perros de rescate siempre están listos para trabajar con la policía, los bomberos y otros rescatistas. Son buenos encontrando personas perdidas. Han rescatado familias enteras en terremotos y otros **desastres**. Trabajan en cualquier clima. Pero lo mejor es que pueden hacer su trabajo sin un **equipo** especial. ¡Solo necesitan sus excelentes oídos y un buen hocico!

Son inteligentes y valientes. Escuchan las órdenes con atención y hacen su trabajo aunque estén cansados,

Pregunto: ¿qué hacen los perros de rescate? Leo que hallan personas perdidas y rescatan familias luego de un desastre natural. Trabajan en cualquier clima. Puedo responder mi pregunta. Trabajan duro para salvar vidas.

Tu turno

COLABORA

Vuelve a leer "Cómo se entrenan". Piensa en una pregunta. Por ejemplo, ¿cómo se preparan para convertirse en perros de rescate? Vuelve a leer para hallar la respuesta.

Punto de vista del autor

El punto de vista del autor es lo que piensa sobre un tema. Busca datos y detalles en el texto que muestren qué piensa el autor. Reflexiona si estás de acuerdo con él.

Busca evidencias en el texto

¿Qué piensa el autor sobre los perros de rescate? Vuelvo a leer el texto y busco detalles que muestran lo que piensa. Esto me ayudará a descubrir el punto de vista del autor.

Detalles
Los perros de rescate son inteligentes y valientes.
No se cansan fácilmente, y eso es importante.

Punto de vista del autor

Tu turno

Vuelve a leer "Perros al rescate". Busca detalles que muestren lo que piensa el autor sobre estos perros y completa el organizador gráfico. ¿Cuál es el punto de vista del autor? ¿Estas de acuerdo con él? ¿Por qué?

¡Conéctate!
Usa el organizador gráfico interactivo.

Texto expositivo

"Perros al rescate" es un texto expositivo.

Un **texto expositivo**:

- Brinda datos e información sobre un tema.
- Incluye características del texto como títulos, fotografías, pies de foto y gráficos

Busca evidencias en el texto

Puedo saber que "Perros al rescate" es un texto expositivo porque brinda datos e información. Tiene fotografías con pies de foto. También hay títulos y un gráfico.

página 364

Cómo se entrenan

Los perros de rescate se entrenan desde cachorros. Puede llevar más de dos años entrenarlos. Pero luego están listos para salvar a quienes están en situaciones **dañinas** o peligrosas.

Ellos trabajan al aire libre con calor, con frío o mal tiempo. Corren, saltan y trepan durante muchas horas todos los días. Además, aprenden a ignorar lo que pasa a su alrededor mientras trabajan. Esto los ayuda a concentrarse y evita que cometan errores por ser **descuidados**.

Todo lo que aprenden tiene un **propósito**, ni la amistad es **accidental**. El perro y la gente con la que trabaja deben aprender a comunicarse en equipo. Hay confianza entre ellos. Y, cuando han practicado y entrenado lo suficiente, están listos para participar, o tomar parte, en una verdadera misión de rescate.

Los perros de rescate siempre están listos para zambullirse y ayudar.

Las mejores razas de perros de rescate			
Estas razas son excelentes perros de rescate.			
Raza	labrador retriever	ovejero alemán	sabueso	border collie
Característica de rescate	amigable	valiente	buen olfato	mucha energía y resistencia

364

Características del texto

Títulos Los títulos nos dicen de qué trata cada sección de un texto.

Gráfico Los gráficos brindan información que resulta más fácil de encontrar y de leer.

COLABORA

Tu turno

Observa el gráfico de la página 364. ¿Por qué los ovejeros alemanes son buenos perros de rescate?

Claves en las oraciones

Cuando lees una palabra que no conoces, el contexto de la oración te ayudará a entender el significado de esa palabra.

Busca evidencias en el texto

En la página 363 leo la palabra adiestradores. *No estoy seguro de su significado. Veo las palabras "personas que trabajan con ellos" en la misma oración. Esto me ayuda a descubrir que los* adiestradores *son "las personas que trabajan con perros de rescate".*

Son mansos y se llevan bien con sus adiestradores, las personas que trabajan con ellos.

Tu turno

COLABORA

Busca claves en las oraciones para descubrir el significado de estas palabras.

obediente, *página 363*

participar, *página 364*

Tom Dear/Aurora/Getty Images

Escribir acerca del texto

Páginas 362–365

Sebastián

Respondí la pregunta: *¿De qué manera los rescatistas y los perros de rescate trabajan juntos en una emergencia? Usa evidencias del texto en tu respuesta.*

Ejemplo del estudiante:
Texto informativo

Introducción del tema
En mi primera oración muestro la idea principal.

Párrafos bien escritos
Los hechos y los detalles de mi párrafo apoyan la oración temática.

Los perros de rescate ayudan a los bomberos, a los policías y a los rescatistas a salvar a las personas que están en peligro. Los adiestradores los entrenan durante varios años. El perro y el entrenador deben poder comunicarse muy bien. Los perros de rescate solo deben prestar atención a sus órdenes.

Tiziana Fabi/Stringer/AFP/Getty Images

Gramática

Este es un ejemplo de **pronombre demostrativo**.

Manual de gramática página 490

Esa es una parte importante del adiestramiento. Con un buen entrenamiento, los perros ayudan a los rescatistas a salvar a muchas personas heridas en desastres naturales o en accidentes.

Conclusión
La última oración resume la idea principal de mis párrafos.

Tu turno

¿Cuál es el propósito del autor al escribir esta selección? Incluye evidencia del texto para apoyar tu respuesta.

¡Conéctate!
Escribe tu respuesta en línea.
Usa tu lista de comprobación de edición.

Concepto semanal Ciudadanía

¿? **Pregunta esencial**

¿Qué hacen los buenos ciudadanos?

¡Conéctate!

David L. Moore-Oahu/Alamy

372

CIUDADANÍA

Lou ayuda a su comunidad en las preparaciones de la ceremonia para honrar a sus héroes. Lou es un buen ciudadano. Ser un buen ciudadano significa:

- Ayudar a otras personas.
- Cumplir las normas y respetar a los demás.
- Esto ayuda a la seguridad de todos.

Coméntalo

Escribe palabras relacionadas con la ciudadanía. Comenta cómo puedes ser un buen ciudadano.

Vocabulario

Mira las fotos y lee las oraciones para comentar cada palabra con un compañero o una compañera.

audaz

Solo este **audaz** pingüino se atrevió a zambullirse en el mar helado.

¿Qué acción audaz has visto?

ciudadanía

Plantar árboles en tu comunidad es un ejemplo de **ciudadanía**.

¿Qué otros ejemplos de ciudadanía conoces?

continuar

Justin **continuó** leyendo su libro después de la escuela.

¿Qué palabra indica lo opuesto a continuar?

horrorizado

Pablo y su madre estaban **horrorizados** con la película de terror.

¿Alguna vez has estado horrorizado?

obstáculo

El caballo saltó todos los **obstáculos** sin derribarlos.

¿Te animas a saltar obstáculos?

participar

Estos niños van a **participar** en una carrera de bolsas.

¿En qué juegos te gusta participar?

proponer

Sylvia le **propuso** a Tina buscar la respuesta en internet.

¿Qué juego le propusiste a tu amigo?

vacilar

Cuando Ted olvidó la respuesta, empezó a **vacilar**.

¿Qué gestos hace una persona que vacila?

Tu turno

COLABORA

Elige tres palabras y escribe tres preguntas para tu compañero o compañera.

¡Conéctate! *Usa el glosario digital ilustrado.*

Dolores Huerta
FUERZA Y PROGRESO

¿? Pregunta esencial

¿Qué hacen los buenos ciudadanos?

Lee sobre cómo Dolores Huerta ayudó a muchas personas.

Dolores Huerta aprendió a ayudar a las personas observando a su madre. Para ella era importante la **ciudadanía**, o ser buena ciudadana, y le enseñó a Dolores que las mujeres pueden ser líderes fuertes. Cuando creció, Dolores tenía los mismos ideales que su madre.

Buenos ciudadanos

Dolores nació el 10 de abril de 1930. Vivió en un pequeño pueblo de Nuevo México hasta los tres años. Luego, se mudó a California con su madre y dos hermanos. Dolores creció viendo a su madre **participar** en las organizaciones de la comunidad. Su madre pensaba que todas las personas merecían ser tratadas de manera justa.

Cuando Dolores aún era una muchacha, su madre tenía un hotel y un restaurante. Muchos agricultores del pueblo eran pobres y pasaban hambre. Trabajaban duro y les pagaban muy poco. La madre de Dolores los dejaba quedarse en su hotel y los alimentaba gratis. Esto le enseñó a Dolores y a sus hermanos que los buenos ciudadanos deben ayudar a sus vecinos.

Dolores Huerta ayudó a los agricultores que pasaban muchas horas trabajando en los campos.

Dolores en la escuela

Dolores se dio cuenta de que en California la vida de los agricultores era muy dura. Quería que todos fueran tratados de manera justa. Ella **continuó** teniendo esta actitud cuando estudiaba en la universidad para convertirse en maestra.

Muchos de los alumnos de Dolores eran hijos de agricultores. A menudo, estos niños estaban cansados y tenían hambre. Iban descalzos porque no tenían zapatos. Dolores sintió que necesitaba ayudarlos. Entonces fue a ver al director de la escuela y le **propuso** ideas para superar estos **obstáculos**. Trató de conseguir almuerzos y leche gratis, zapatos y ropa nueva para los niños.

Este fue un compromiso verdaderamente **audaz**. Los demás maestros no estaban de acuerdo con ella, y corrió muchos riesgos; pero sus ideales se mantenían firmes, sin **vacilar**. Decidió hacer algo frente a la injusticia que veía para ayudar a los agricultores y a sus familias.

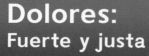

Dolores: Fuerte y justa

Esta línea cronológica muestra fechas importantes en la vida de Dolores Huerta.

1930

1940

1950

1960

1970

1980

1933: Se muda a California.

1930: Nace Dolores.

1953–1955: Trabaja como maestra

1955: Conoce a César Chávez.

1962: Dolores y César fundan la Asociación Nacional de Trabajadores del Campo.

1975: Ayudó para que se aprobaran leyes que protegieran a los agricultores.

Dolores se mantiene firme

Todos los días, Dolores veía gente que trabajaba en condiciones inusualmente peligrosas y desagradables. Estaba **horrorizada**. Los agricultores no tenían dinero para alimentar a sus familias.

En 1955, conoció a César Chávez. Él también quería mejorar la vida de los agricultores. Juntos crearon la Asociación Nacional de Trabajadores del Campo, que protegía los derechos de los agricultores. Ayudó a que las grandes fincas los trataran mejor y las condiciones de trabajo mejoraron increíblemente.

Crecer con una madre que se preocupaba por los demás enseñó a Dolores a ser buena ciudadana. Su amabilidad y valentía ayudaron a los agricultores y a sus familias. Dolores Huerta es un ejemplo de ciudadanía.

En 1969, Dolores Huerta habló a los agricultores en una concentración.

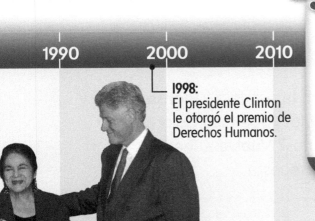

1990   2000   2010

1998:
El presidente Clinton le otorgó el premio de Derechos Humanos.

¿? Haz conexiones

¿Qué acciones convirtieron a Dolores en una buena ciudadana? PREGUNTA ESENCIAL

¿Qué puedes hacer para mejorar la vida de otros? EL TEXTO Y TÚ

Hacer y responder preguntas

Piensa en una pregunta mientras lees. Luego, vuelve a leer para encontrar la respuesta.

Busca evidencias en el texto

Vuelve a leer "Buenos ciudadanos", en la página 377. Piensa en una pregunta y luego lee para encontrar la respuesta.

página 377

Buenos ciudadanos

Dolores nació el 10 de abril de 1930. Vivió en un pequeño pueblo de Nuevo México hasta los tres años. Luego, se mudó a California con su madre y dos hermanos. Dolores creció viendo a su madre **participar** en las organizaciones de la comunidad. Su madre pensaba que todas las personas merecían ser tratadas de manera justa.

Cuando Dolores aún era una muchacha, su madre tenía un hotel y un restaurante. Muchos agricultores del pueblo eran pobres y pasaban hambre. Trabajaban duro y les pagaban muy poco. La madre de Dolores los dejaba quedarse en su hotel y los alimentaba gratis. Esto le enseñó a Dolores y a sus hermanos que los buenos ciudadanos deben ayudar a sus vecinos.

Pregunto: ¿Cómo aprendió Dolores a ser buena ciudadana? Leo que <u>cuando Dolores era joven, su madre les daba casa y comida gratis en su hotel a los agricultores pobres</u>*. Puedo responder mi pregunta. Dolores aprendió a ser buena ciudadana observando a su madre.*

Tu turno

COLABORA

Vuelve a leer "Dolores en la escuela". Piensa en una pregunta. Por ejemplo, ¿qué hizo Dolores para ayudar a sus alumnos? Vuelve a leer la sección para hallar la respuesta.

Punto de vista del autor

El punto de vista del autor es lo que piensa sobre un tema. Busca datos y detalles en el texto que muestren qué piensa el autor. Reflexiona si estás de acuerdo con él.

Busca evidencias en el texto

¿Qué piensa el autor sobre Dolores Huerta? Puedo volver a leer el texto y buscar detalles que me indiquen lo que piensa el autor. Esto me ayudará a descubrir su punto de vista.

Detalles
Su madre le enseñó a ser una buena ciudadana.
Su compromiso frente a los obstáculos fue audaz.

↓

Punto de vista del autor

Tu turno

Vuelve a leer "Dolores Huerta: Fuerza y progreso". Busca más detalles que muestren qué piensa el autor sobre Dolores y completa tu organizador gráfico. ¿Cuál es el punto de vista del autor? ¿Estás de acuerdo con el autor?

¡Conéctate!
Usa el organizador gráfico interactivo.

Biografía

"Dolores Huerta: Fuerza y progreso" es una biografía porque:

- Cuenta la historia de la vida de una persona.
- Está escrita por otra persona.
- Incluye características del texto, como líneas cronológicas, fotografías y pies de foto.

 ## Busca evidencias en el texto

Sé que "Dolores Huerta: Fuerza y progreso" es una biografía porque hay datos e información sobre la vida de Dolores Huerta. También hay una línea cronológica que muestra, en orden, los acontecimientos importantes de su vida.

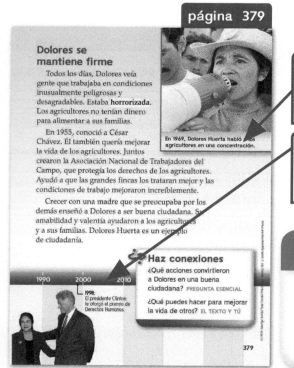

página 379

Dolores se mantiene firme

Todos los días, Dolores veía gente que trabajaba en condiciones inusualmente peligrosas y desagradables. Estaba **horrorizada**. Los agricultores no tenían dinero para alimentar a sus familias.

En 1955, conoció a César Chávez. Él también quería mejorar la vida de los agricultores. Juntos crearon la Asociación Nacional de Trabajadores del Campo, que protegía los derechos de los agricultores. Ayudó a que las grandes fincas los trataran mejor y las condiciones de trabajo mejoraron increíblemente.

Crecer con una madre que se preocupaba por los demás enseñó a Dolores a ser buena ciudadana. Su amabilidad y valentía ayudaron a los agricultores y a sus familias. Dolores Huerta es un ejemplo de ciudadanía.

En 1969, Dolores Huerta habló a los agricultores en una concentración.

1990 2000 2010

1998: El presidente Clinton le otorgó el premio de Derechos Humanos.

Haz conexiones

¿Qué acciones convirtieron a Dolores en una buena ciudadana? PREGUNTA ESENCIAL

¿Qué puedes hacer para mejorar la vida de otros? EL TEXTO Y TÚ

379

Características del texto

Los **pies de foto** explican la fotografía. Brindan información que puede no estar incluida en el texto.

Una **línea cronológica** muestra fechas y acontecimientos importantes, en orden.

 COLABORA

Tu turno

Observa la línea cronológica de las páginas 378 y 379. ¿En qué año conoció Dolores a César Chávez?

Prefijos y sufijos

Un prefijo se agrega al principio de una palabra. El sufijo se agrega al final de una palabra. Para descubrir el significado de una palabra nueva, primero debes identificar su raíz.

Busca evidencias en el texto

Veo la palabra inusualmente *en la página 379. Primero, busco su raíz. Es* usual-. *Sé que el prefijo* in- *significa "no", y el sufijo* -mente *significa "de manera". Entonces,* inusualmente *debe significar "de manera no usual".*

Todos los días, Dolores veía gente que trabajaba en condiciones inusualmente peligrosas y desagradables.

Tu turno

Busca la raíz e identifica el prefijo y el sufijo para descubrir el significado de cada palabra.

desagradable, *página 379*

increíblemente, *página 379*

Dr. Parvinder Sethi

Escribir acerca del texto

Páginas 376–379

Camilla

Respondí la pregunta: *¿De qué manera el autor explica lo que significa ser un buen ciudadano?*

Ejemplo del estudiante:
Texto informativo

El autor se basó en la vida de Dolores Huerta para describir lo que significa ser un buen ciudadano.

Dolores era maestra. Ayudó a sus estudiantes consiguiendo para ellos ropa, zapatos y alimentos. Después apoyó a los agricultores para que pudieran mejorar sus condiciones de trabajo y la paga.

Principio interesante
En mi primera oración muestro claramente el tema.

Detalles de apoyo
Incluí hechos y detalles del texto para desarrollar el tema.

384

A pesar de que algunos no estaban de acuerdo con ella, Dolores no se detuvo. Dolores Huerta fue una buena ciudadana porque ayudó a que muchas personas tuvieran una vida mejor.

Palabras de enlace
Incluí palabras como *A pesar de que* para conectar mis ideas.

Gramática

Este es un ejemplo de **pronombre indefinido.**

Manual de gramática página 489

Tu turno

¿De qué manera la línea cronológica de las páginas 378-379 apoya el punto de vista del autor sobre Dolores Huerta?

¡Conéctate!
Escribe tu respuesta en línea.
Usa tu lista de comprobación de edición.

Pregunta esencial
¿Qué tipos de energía existen?

¡Conéctate!

¡La naturaleza nos da energía!

Carlos vive cerca de un parque eólico. Le encanta pasear con su bicicleta y observar cómo se mueven las turbinas con el viento. La energía del viento, o energía eólica, produce la electricidad que calienta su casa y enciende las luces.

▶ La energía proviene de distintas fuentes.

▶ La energía eólica y la energía solar son renovables. Pueden usarse una y otra vez.

Coméntalo

Escribe palabras que conozcas relacionadas con la energía. Habla en pareja sobre los distintos tipos de energía.

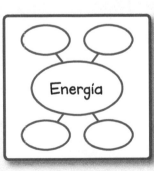

Energía

Vocabulario

Mira las fotos y lee las oraciones para comentar cada palabra con un compañero o una compañera.

contaminación

La **contaminación** del agua con basura puede dañar a los animales.

¿Puedes nombrar qué causa contaminación en el aire?

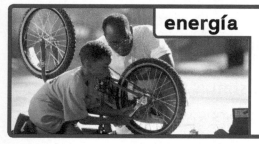
energía

Ivo y su abuelo trabajan juntos con mucha **energía**.

¿De dónde obtienen la energía los carros?

fuente

El viento es una poderosa **fuente** de energía.

¿Cuáles son tus fuentes de energía?

recurso natural

Los árboles frutales son un **recurso natural**.

¿Qué recurso natural se usa para construir casas?

producir

El Sol puede **producir** energía suficiente para calentar una casa.

¿Qué palabra significa lo mismo que producir?

reemplazar

Tina quiere **reemplazar** su carro por uno eléctrico.

¿Qué puedes reemplazar para ayudar al medio ambiente?

renovable

Los árboles son un recurso **renovable** porque siempre crecen nuevos ejemplares.

¿Qué significa la palabra renovable?

tradicional

A Cho y su mamá les gusta comer platos **tradicionales**, como arroz y pescado.

¿Qué otra palabra significa lo mismo que tradicional?

Tu turno

COLABORA

Elige tres palabras y escribe tres preguntas para tu compañero o compañera.

¡Conéctate! *Usa el glosario digital ilustrado*

© Corey Rich/Aurora Open/Corbis

¿? Pregunta esencial

¿Qué tipos de energía existen?

Lee acerca de por qué la energía solar es una buena fuente de energía.

Este deportista obtiene su energía de los alimentos saludables que come.

390

La energía solar

¿Qué tienen en común un carro y una fábrica? Los dos necesitan **energía** para funcionar. La energía mantiene las cosas en movimiento.

La energía en la actualidad

Obtenemos energía al ingerir alimentos saludables. Muchas fábricas, casas y carros la obtienen del carbón, petróleo, gas natural y otros combustibles fósiles. Por más de un siglo, estas fueron las **fuentes tradicionales**, o sea comunes. Hoy, gran parte de la energía usada en EE. UU. proviene de combustibles fósiles.

Estos combustibles se encuentran bajo la superficie de la Tierra y se están acabando. No son reutilizables, una vez agotados, se terminan para siempre. Por eso necesitamos fuentes alternativas para **reemplazarlos**. Los científicos saben que no hay otra manera de que el país siga avanzando y creciendo. Por eso buscan fuentes de energía nuevas o alternativas que no se agoten.

Más barata y más limpia

La energía solar es una fuente de energía **renovable**. No es costosa. Por eso, muchos deciden poner paneles solares en los techos de las casas y de los grandes edificios. Estos paneles parecen espejos gigantes y capturan energía del Sol. En un día despejado, los rayos llegan al panel y **producen** electricidad. Luego, la electricidad circula en el edificio. Así, hay energía suficiente para subir la temperatura dentro de las casas y encender las luces, las estufas y las computadoras.

El futuro

Cada vez más empresas eligen la energía solar para reemplazar los combustibles fósiles. Esta energía es un **recurso natural**. O sea, no fue producida ni modificada por el hombre. Es más barata que los combustibles fósiles y no causa **contaminación**. Hoy, millones de personas en todo el mundo usan energía solar para producir electricidad en sus casas y empresas. Quizá algún día reemplace completamente a los combustibles fósiles.

Los paneles solares se colocan en los techos de los edificios.

¡Viva el Sol!

La energía renovable es la mejor solución. Y la energía solar encabeza la lista. Estos son los motivos por los que la energía solar no deja de brillar:

- Es más barata que los combustibles fósiles.

- Es renovable.

- No contamina y no daña el medio ambiente.

- Está siempre disponible.

- Es energía natural.

La energía solar puede hacer casi todo lo que hacen los combustibles fósiles. Todos deberíamos usar energía solar. ¡Estas son buenas noticias para nuestro planeta!

Gracias a la energía solar, Paul puede cargar su reproductor de MP3 y escuchar música.

¿? Haz conexiones

¿Por qué la energía solar es una buena fuente de energía? PREGUNTA ESENCIAL

¿De qué maneras podrías usar la energía solar? EL TEXTO Y TÚ

(r) Culture Creative/Alamy

Hacer y responder preguntas

Piensa en alguna pregunta mientras lees "La energía solar".
Luego busca detalles para apoyar tu respuesta.

Busca evidencias en el texto

Vuelve a leer "La energía en la actualidad" en la página
391. Piensa en una pregunta. Luego lee para responderla.

página 391

La energía en la actualidad

Obtenemos energía al ingerir
alimentos saludables. Muchas fábricas,
casas y carros la obtienen del carbón,
petróleo, gas natural y otros combustibles
fósiles. Por más de un siglo, estas fueron las
fuentes tradicionales, o sea comunes. Hoy,
gran parte de la energía usada en EE. UU.
proviene de combustibles fósiles.

Estos combustibles se encuentran bajo la

*Me pregunto: ¿Qué son
los combustibles fósiles?
Leí que muchas fábricas,
casas y carros funcionan
con combustibles fósiles.
Están debajo de la
superficie de la Tierra y
se están acabando. Puedo
responder mi pregunta.
Los combustibles fósiles
provienen de la Tierra, pero
no siempre estarán allí.*

COLABORA

Tu turno

Piensa en una pregunta acerca de la energía solar.
Por ejemplo, ¿cómo funcionan los paneles solares?
Vuelve a leer la página 392 para responderla.

Causa y efecto

La causa es la razón por la cual sucede algo. El efecto es la consecuencia. Primero ocurre una para que ocurra la otra. O sea, ocurren en secuencia. Palabras como: *entonces, como resultado* y *porque* sirven para identificar causas y efectos.

 Busca evidencias en el texto

En la página 391 leí que los científicos están buscando fuentes de energía alternativas. Esto es un efecto. Ya puedo buscar la causa. Los combustibles fósiles se están acabando y necesitamos nuevas fuentes de energía.

Causa	Efecto
Primero Los combustibles fósiles se están acabando y necesitamos nuevas fuentes de energía.	Los científicos están buscando fuentes de energía alternativas.
Luego La energía solar es renovable y no es costosa.	
Después Los rayos llegan al panel solar.	

Tu turno

Identifica las palabras de enlace en el texto para hallar causas y efectos. Escríbelas en el organizador gráfico.

¡Conéctate! Usa el organizador gráfico interactivo

Texto expositivo

"La energía solar" es un texto expositivo.

Un **texto expositivo**:

- Incluye datos e información sobre un tema relacionado con la ciencia.
- Incluye fotografías, pies de fotos, títulos y recuadros.

Busca evidencias en el texto

Me doy cuenta de que "La energía solar" es un texto expositivo porque da información y datos científicos. Además, tiene un recuadro con la opinión del autor sobre la energía solar.

página 393

TIME

¡Viva el Sol!
La energía renovable es la mejor solución. Y la energía solar encabeza la lista. Estos son los motivos por los que la energía solar no deja de brillar:

- Es más barata que los combustibles fósiles.
- Es renovable.
- No contamina y no daña el medio ambiente.
- Está siempre disponible.
- Es energía natural.

La energía solar puede hacer casi todo lo que hacen los combustibles fósiles. Todos deberíamos usar energía solar. ¡Estas son buenas noticias para nuestro planeta!

Gracias a la energía solar, Paul puede cargar su reproductor de MP3 y escuchar música.

Haz conexiones
¿Por qué la energía solar es una buena fuente de energía? PREGUNTA ESENCIAL

¿De qué maneras podrías usar la energía solar? EL TEXTO Y TÚ

393

Características del texto

Recuadro Un recuadro puede presentar la opinión del autor sobre un tema.

Fotografías y pies de fotos Las fotografías y los pies de fotos dan información adicional sobre un tema.

COLABORA

Tu turno

Vuelve a leer el recuadro de la página 393. Comenta en pareja tres razones por las que deberíamos usar energía solar.

Homófonos

Los homófonos son palabras que se pronuncian igual, pero tienen diferente significado y se escriben distinto. Las palabras *tubo* y *tuvo* son homófonos. Usa claves de contexto para deducir el significado de un homófono.

 ## Busca evidencias en el texto

Veo la palabra casas *en la página 391. Casas y* cazas *son homófonos. Casas significa "viviendas". Cazas significa "buscas animales para atraparlos o matarlos". Las palabras se pronuncian igual, pero tienen diferente significado y se escriben distinto. Puedo usar las claves de contexto para deducir lo que significa* casas. *Aquí quiere decir "viviendas".*

La mayoría de las fábricas, las casas y los carros obtienen energía de los combustibles fósiles.

Tu turno

Usa las claves de contexto para deducir el significado de la palabra. Luego piensa en cuál es su homófono.
    hay, *página 391*
    hacen, *página 393*

Escribir acerca del texto

Páginas 362–365

William

Respondí la pregunta: *¿Cuál es tu opinión sobre la energía solar?*

Ejemplo del estudiante:
Texto de opinión

Opinión
En la primera oración mostré claramente mi opinión sobre la energía solar.

Apoyar una opinión
Incluí evidencias del texto para apoyar mi opinión.

Yo pienso que el futuro de la energía está en el Sol. La energía solar no se agotará. Los combustibles fósiles, como el carbón y el gas, no son renovables. Una vez usados, se terminan para siempre. La energía solar se puede usar sin necesidad de cambiarla porque es un recurso renovable. Además, es

Angela Lumsden/Moment/Getty Images

una energía natural y no produce
contaminación. Como resultado,
es mejor para el medioambiente.
Pienso que la gente debe dejar de
usar los combustibles fósiles, ya que
el sol puede producir toda la energía
que necesitamos.

Gramática

Este es un ejemplo
de **conjunción.**

*Manual de
gramática*
página 491

**Conectar razones y
opiniones**
Usé las palabras de
enlace *ya que* para
conectar razones y
opiniones.

Tu turno

En tu opinión, ¿logra el autor convencer a los
lectores para que apoyen la energía solar?
Incluye evidencia del texto en tu respuesta.

¡Conéctate!
Escribe tu respuesta en línea.
Usa tu lista de comprobación de edición.

Holger Burmeister/Alamy

Pensar una y otra vez

La gran idea

¿Cómo decidimos lo que es importante?

Nada más

Con esta moneda
me voy a comprar
un ramo de cielo
y un metro de mar,
un pico de estrella,
un sol de verdad,
un kilo de viento
y nada más.

María Elena Walsh

¿? Pregunta esencial
¿Cómo decidimos lo que es importante?

Conéctate!

Las cosas que valoramos

Pasar tiempo con mi abuelo es importante. Él comparte conmigo lo que sabe y me ayuda a aprender cosas nuevas. Él también valora el tiempo que pasamos juntos.

► Es valioso dedicar tiempo a las personas y aprender de ellas.

► Los hábitos sanos también son importantes.

Coméntalo

Comenta en pareja qué cosas consideras valiosas. Escribe tus ideas en la tabla.

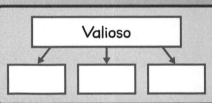

Valioso

Vocabulario

Mira las fotos y lee las oraciones para comentar cada palabra con un compañero o una compañera.

aplaudir

El público **aplaudió** a los actores.

¿A quién puedes aplaudir también?

cabecera

Luisa decoró la **cabecera** de su cama con cojines.

¿Qué más puedes poner sobre una cabecera?

despegar

El avión **despegó** sin problemas.

¿Te gusta mirar cómo despegan los aviones en el aeropuerto?

elegancia

Sally patina con **elegancia**.

¿Qué significa elegancia?

envoltura

No se deben tirar las **envolturas** de las golosinas al piso.

¿Dónde se deben tirar las envolturas?

pianista

Un **pianista** practica en su piano muchas horas.

¿Qué movimientos hace un pianista sobre el teclado?

tesoro

Lila piensa que un buen libro es un **tesoro**.

Nombra algo que consideres un tesoro.

riqueza

Mamá dice que somos su verdadera **riqueza**.

¿Qué palabra significa lo opuesto a riqueza?

Tu turno

COLABORA

Elige tres palabras y escribe tres preguntas para tu compañero o compañera.

¡Conéctate! *Usa el glosario digital ilustrado.*

El niño pianista

¿? Pregunta esencial

¿Cómo decidimos lo que es importante?

Lee la historia de una niña que aprendió
a valorar lo que es importante.

María Carranza

406

Un día, a la salida de la escuela, Daniela escuchó que alguien la llamaba. Cuando se dio vuelta para mirar, vio que su amigo Lucas venía corriendo con un disco compacto en una mano.

—¡Toma, Daniela, esto es para ti! —dijo Lucas todavía un poco agitado.

Daniela tomó el disco y lo miró con curiosidad. La **envoltura** era común, un sobre de papel azul con el nombre de Lucas escrito con letras blancas.

—Muchas gracias, Lucas —dijo Daniela extrañada—. ¿Qué es esto?

Lucas sonrió con orgullo y dijo:

—Es una pequeña pieza de música que he grabado.

Ese día, Daniela llegó a su casa y escuchó el disco de Lucas mientras descansaba. Le pareció que su amigo tocaba muy bien el piano. Se alegró por él. Sabía cuánto amaba la música y cuánto se esforzaba por mejorar cada día. Daniela tenía un pequeño cajón donde guardaba los discos que no usaba. No se preocupaba por ordenarlo. Dejó allí el disco de Lucas y se olvidó.

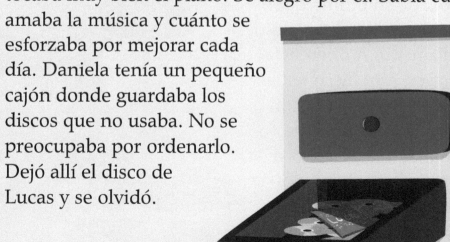

Unos meses más tarde, la carrera de Lucas comenzó a **despegar**. Ese pequeño y humilde disco había sido escuchado por muchas personas que vieron en Lucas a un gran **pianista**. Entonces Lucas empezó a recibir el llamado de músicos, de periodistas, de profesores, de gente que quería saber cuándo daría un concierto. El disco que Daniela había olvidado en un cajón, encerraba un **tesoro** que ella no había sabido apreciar.

En poco tiempo, una compañía discográfica le propuso a Lucas grabar un disco. ¡Un disco del que se harían miles de copias que se podrían conseguir en las tiendas! El niño pianista se hizo famoso gracias a su talento y su esfuerzo. Ahora daba conciertos en diferentes ciudades y el público lo **aplaudía** de pie.

Daniela estaba muy contenta por el éxito de su amigo. Un día, en la escuela, le preguntó a Lucas si tenía una copia de su último disco para regalarle. Lucas se la dio con todo gusto. A diferencia del anterior, este disco tenía una envoltura diseñada con **elegancia**. Tenía una hermosa fotografía de Lucas junto al piano, información sobre los autores de las piezas y la **riqueza** del estilo singular del pequeño pianista.

Esa noche, Daniela escuchó el nuevo disco de Lucas y sintió fascinación. ¡Qué orgullosa estaba de su amigo! Miró la envoltura una y otra vez y, de pronto, se acordó de aquel humilde disco que Lucas le había regalado hacía apenas un año. Daniela abrió su cajón desordenado y buscó el disco. No podía encontrarlo. Tenía muchos sin identificar y muchas envolturas vacías.

De repente, Daniela lo encontró. Suspiró aliviada. Lo escuchó nuevamente y se dio cuenta de que Lucas había hecho una excelente interpretación. Se sintió un poco enojada consigo misma. ¿Por qué no había valorado ese disco? Quizás no lo había hecho porque la envoltura no la había atraído.

Daniela sabía que acababa de aprender algo importante. Tomó la envoltura del primer disco, la enmarcó y la colgó sobre la **cabecera** de su cama. Ese sencillo sobre azul sin elegancia ni belleza le indicaba que lo importante era la música, no la envoltura. Alguien podría decirle que una envoltura enmarcada no es un cuadro bello. Sin embargo, para Daniela, lo importante era lo que representaba.

Su amigo Lucas era un gran pianista. Y sin saberlo, la había ayudado a crecer.

¿? Haz conexiones

¿Por qué Daniela enmarcó el sobre azul? PREGUNTA ESENCIAL

¿Qué aprendiste de Daniela? EL TEXTO Y TÚ

Hacer predicciones

Presta atención a los detalles del cuento para predecir lo que ocurrirá luego. ¿Fue correcta tu predicción? Sigue leyendo para comprobarlo.

Busca evidencias en el texto

Daniela no prestó demasiada atención al regalo que había recibido de Lucas. ¿Qué pistas en la página 407 te ayudan a hacer una predicción sobre lo que ocurrirá después?

página 407

Un día, a la salida de la escuela, Daniela escuchó que alguien la llamaba. Cuando se dio vuelta para mirar, vio que su amigo Lucas venía corriendo con un disco compacto en una mano.

—¡Toma, Daniela, esto es para ti! —dijo Lucas todavía un poco agitado.

Daniela tomó el disco y lo miró con curiosidad. La **envoltura** era común, un sobre de papel azul con el nombre de Lucas escrito con letras blancas.

—Muchas gracias, Lucas —dijo Daniela extrañada—. ¿Qué es esto?

Lucas sonrió con orgullo y dijo:

—Es una pequeña pieza de música que he grabado.

Ese día, Daniela llegó a su casa y escuchó el disco de Lucas mientras descansaba. Le pareció que su amigo tocaba muy bien el piano. Se alegró por él. Sabía cuánto

Leo que Daniela guardó el disco en un cajón que nunca ordenaba. <u>Puedo predecir que no va a ser fácil encontrarlo. Ella se va a olvidar del disco en ese cajón.</u>

Tu turno

COLABORA

¿Qué pasó cuando Lucas se convirtió en un pianista famoso y Daniela recordó el primer disco que le había regalado? Sigue leyendo para confirmar si tu predicción fue correcta.

Tema

El tema de un cuento es el mensaje del autor. Presta atención a lo que hacen y dicen los personajes para poder identificar el tema.

Busca evidencias en el texto

Daniela deja el disco en un cajón y luego lo olvida. Después, Lucas le vuelve a regalar otro disco. ¿Qué diferencia hay entre un disco y otro? Estos detalles te ayudan a identificar el tema.

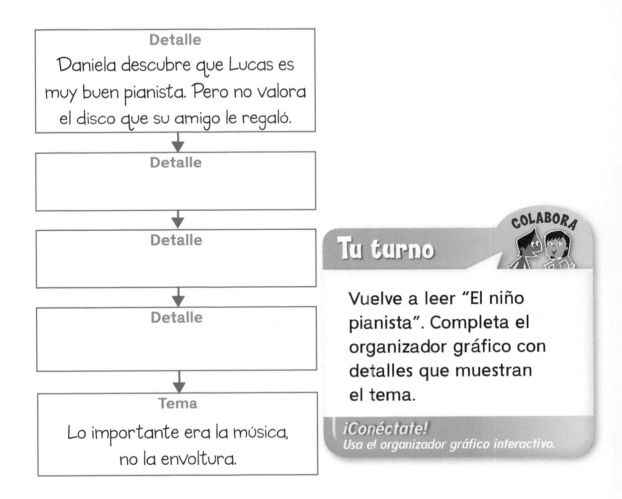

Detalle
Daniela descubre que Lucas es muy buen pianista. Pero no valora el disco que su amigo le regaló.

↓

Detalle

↓

Detalle

↓

Detalle

↓

Tema
Lo importante era la música, no la envoltura.

Tu turno COLABORA

Vuelve a leer "El niño pianista". Completa el organizador gráfico con detalles que muestran el tema.

¡Conéctate!
Usa el organizador gráfico interactivo.

411

Ficción realista

"El niño pianista" es una **ficción realista**. Sabemos que es una ficción realista porque tiene:

- Personajes y sucesos inventados que pueden ocurrir en la vida real.
- Diálogos sobre cosas reales.

 Busca evidencias en el texto

Puedo saber que "El niño pianista" es una ficción realista porque los personajes, sus diálogos y los sucesos podrían ocurrir en la vida real.

página 407

Un día, a la salida de la escuela, Daniela escuchó que alguien la llamaba. Cuando se dio vuelta para mirar, vio que su amigo Lucas venía corriendo con un disco compacto en una mano.

—¡Toma, Daniela, esto es para ti! —dijo Lucas todavía un poco agitado.

Daniela tomó el disco y lo miró con curiosidad. La **envoltura** era común, un sobre de papel azul con el nombre de Lucas escrito con letras blancas.

—Muchas gracias, Lucas —dijo Daniela extrañada—. ¿Qué es esto?

Lucas sonrió con orgullo y dijo:

—Es una pequeña pieza de música que he grabado.

Ese día, Daniela llegó a su casa y escuchó el disco de Lucas mientras descansaba. Le pareció que su amigo tocaba muy bien el piano. Se alegró por él. Sabía cuánto amaba la música y cuánto se esforzaba por mejorar cada día. Daniela tenía un pequeño cajón donde guardaba los discos que no usaba. No se preocupaba por ordenarlo. Dejó allí el disco de Lucas y se olvidó.

Diálogo En el diálogo los personajes del cuento hablan entre ellos sobre sucesos que pueden ser reales.

Ilustraciones Las ilustraciones en el cuento muestran cosas y personas que pueden existir en la vida real.

Tu turno

 COLABORA

Busca otros ejemplos que muestran que "El niño pianista" es una ficción realista.

María Carranza

412

Raíces de palabras

La raíz es la parte más simple de una palabra. Si identificas la raíz de una palabra desconocida, esto te ayuda a saber su significado.

Busca evidencias en el texto

Veo en la página 409 la palabra fascinación. *La raíz de* fascinación *es* fascin-. *Sé que el verbo* fascinar *significa "atraer irresistiblemente", entonces, "fascinación" debe significar "una enorme atracción por algo".*

Esa noche, Daniela escuchó el nuevo disco de Lucas y sintió fascinación.

Tu turno

COLABORA

¿Cuál es la raíz de estas palabras? ¿Y cuál su significado?

pianista, *página 408*

cabecera, *página 409*

413

Escribir acerca del texto

Páginas 406–409

Holly

Respondí la pregunta: *¿Piensas que Daniela hizo lo correcto con el regalo de Lucas? Da razones que apoyen tu opinión.*

Ejemplo del estudiante:
Texto de opinión

Daniela hizo lo correcto al escuchar el disco compacto que le había regalado Lucas, pero pienso que no estuvo bien que lo dejara olvidado en un cajón. Lucas se lo había entregado con verdadera ilusión y, aunque Daniela lo quería mucho, no le dio importancia. Creo que ella no valoró su música. En su

Expresar una opinión
En la primera oración explico mi opinión sobre el tema.

Longitud de las oraciones
Usé oraciones largas y cortas para hacer más interesante mi escritura.

momento, para Daniela tuvo más

peso el humilde envoltorio del disco

que la excelente interpretación.

Gracias a Lucas, Daniela finalmente

aprendió que lo que más vale es lo

que hay en el interior.

Gramática

Este es un ejemplo de **adjetivo calificativo.**

Manual de gramática página 492

Detalles de apoyo
Di razones para apoyar mi opinión.

Tu turno

¿Crees que Lucas es un buen amigo? Incluye evidencias del texto para apoyar tu opinión.

¡Conéctate!
Escribe tu respuesta en línea.
Usa tu lista de comprobación de edición.

Pregunta esencial

¿Cómo nos afecta el tiempo?

¡Conéctate!

Ryan McVay/Lifesize/Getty Images

EL TIEMPO NOS AFECTA

¿Cómo está el tiempo? Mira el pronóstico del tiempo en la televisión o sal de casa para averiguarlo. Es importante saber cómo está el tiempo.

▶ El tiempo es lo que está ocurriendo afuera ahora.

▶ Influye en cómo nos vestimos y en lo que hacemos.

▶ A veces el tiempo tiene una influencia enorme en el modo en que vivimos.

Coméntalo

Escribe palabras relacionadas con el tiempo. Habla con tu pareja acerca de cómo te afecta el tiempo.

Vocabulario

Mira las fotos y lee las oraciones para comentar cada palabra con un compañero o una compañera.

alivio

Fue un **alivio** que mi mamá encontrara a mi perro sano y salvo.

¿En alguna ocasión sentiste alivio por algo?

condición

El paraguas de Mark se rompió debido a las **condiciones** del tiempo.

¿Cómo son las condiciones del tiempo en invierno?

discutir

A James y su abuelo les gusta mirar películas y **discutir** sobre ellas.

¿Qué palabra significa lo opuesto a discutir?

estupefacto

Tammy y Kim se quedaron **estupefactos** al encontrar un insecto tan grande.

¿Cuál es el sinónimo de estupefacto?

(t bc)Fuse/Getty Images; (tc)Image Source/Getty Images; (b)Hideki Yoshihara/Aflo/Getty Images

prohibir

Hay carteles que **prohíben** nadar en la laguna.

¿Conoces otros carteles que prohíben cosas?

pronóstico

Según el **pronóstico** del tiempo, hoy será un día cálido y soleado.

¿Por qué miramos el pronóstico del tiempo?

quejarse

Ben **se quejó** durante la cena porque no le gustan los chícharos.

Comenta una ocasión en la que te quejaste por algo.

varado

El barco se quedó **varado** a causa de una tormenta.

¿Por qué un barco puede quedar varado?

Tu turno

Elige tres palabras y escribe tres preguntas para tu compañero o compañera.

¡Conéctate! Usa el glosario digital ilustrado.

(t)©Design Pics Inc./Alamy; (tc)©Michael Krasowitz/Photographer's Choice/Getty Images; (tc)Holloway/Stone/Getty Images; (b)stonefaction photography/Getty Images

La gran tormenta

 Pregunta esencial

¿Cómo nos afecta el tiempo?

Lee acerca de cómo una tormenta de nieve en la ciudad de Nueva York afecta a la familia Hernández.

Rosa y Eddie se sentaron bien cerca de la radio y escucharon atentamente la voz ronca del locutor.

"¡La tormenta de 1947 es la tormenta de nieve más importante de la historia de Nueva York! La enorme cantidad de nieve y las terribles **condiciones** climáticas provocaron ayer la clausura del metro desde Wall Street hasta Spanish Harlem. Los padres **prohíben** a sus hijos salir de sus casas porque es muy peligroso. El **pronóstico** del tiempo para hoy indica que dejará de nevar. Mientras tanto, el alcalde O'Dwyer ha enviado el siguiente mensaje a todos los ciudadanos de Nueva York: *Ayúdense unos a otros durante la catástrofe*".

—¡Ay, mamá! —susurró Rosa—. ¿Podrá volver papá del trabajo?

La mamá le dio un fuerte abrazo y le dijo:

—Seguramente todavía no puede salir del trabajo para volver a casa. Debe estar **varado**, pero no te preocupes. Ya dejará de nevar y estoy convencida de que llegará pronto.

La mamá fue a la cocina para preparar el almuerzo. Volvió con su abrigo y una bufanda.

—Nos quedamos sin leche y sin pan, así que tendré que ir a la tienda de María —dijo la mamá.

Rosa y Eddie se levantaron de un salto y le suplicaron que les permitiera ir con ella. Hacía dos días que no salían porque nevaba demasiado.

—No —les contestó la mamá—. Hace mucho frío.

Rosa y Eddie sabían que no debían **discutir** con su mamá, pero estaban cansados de estar encerrados.

—¡Por favor, mamá! ¡Llévanos contigo! Podemos ir los tres juntos a la tienda —dijo Eddie.

—Está bien —accedió la mamá y los niños aplaudieron porque se habían salido con la suya—. Pero tenemos que ir bien juntos y no separarnos ni por un minuto.

La mamá ayudó a Rosa y a Eddie a abrigarse con su ropa de lana, que era incómoda pero calentita. Cuando salieron, quedaron **estupefactos**, con la boca abierta, al ver una pared de nieve de varios pies de altura. Por suerte llegó su vecino, el señor Colón, con dos palas de metal.

—¿Quién me quiere dar una mano para palear la nieve? —preguntó.

Se turnaron para ayudar. Era una tarea difícil, pero ninguno **se quejó**. Cuando terminaron, vieron la tienda de María todavía llena de nieve. La señora Sánchez estaba tratando de quitarla con una escobita.

—Señor Colón, ¿sería tan amable de prestarnos sus palas, por favor? —le preguntó Rosa.

—Creo que tenemos que ayudar a la señora Sánchez.

Despejar el camino al frente de la tienda era una tarea sencilla. Fue pan comido para Rosa y Eddie. También se rieron y se arrojaron bolas de nieve. La señora Sánchez estaba muy agradecida por su ayuda.

—Gracias —les dijo, y le regaló leche y pan a la mamá para mostrar su agradecimiento.

Mientras Rosa y Eddie cruzaban la calle para volver a su casa, oyeron una voz grave y familiar.

—¿Esos son mis hijitos?

—¡Papá! —gritaron los niños y corrieron a abrazarlo. Rosa le contó cómo habían ayudado a sus vecinos.

—Qué **alivio** estar finalmente en casa —dijo el papá—. Estoy orgulloso de ustedes por haber ayudado a nuestros vecinos.

Haz conexiones

¿De qué manera afectó el tiempo a la familia Hernández? PREGUNTA ESENCIAL

Comenta una ocasión en la que tú o tu familia ayudaron a alguien cuando hacía mal tiempo. EL TEXTO Y TÚ

Stacey Schuett

Hacer predicciones

Usa detalles del cuento para predecir lo que sucederá después. ¿Es correcta tu predicción? Sigue leyendo para comprobarlo. Si no es correcta, cámbiala.

 ### Busca evidencias en el texto

Es posible que hayas hecho una predicción sobre el papá mientras leías "La gran tormenta". ¿Qué detalles de la página 421 te sirvieron para predecir lo que sucedería?

página 421

pronóstico del tiempo para hoy indica que dejará de nevar. Mientras tanto, el alcalde O'Dwyer ha enviado el siguiente mensaje a todos los ciudadanos de Nueva York: *Ayúdense unos a otros durante la catástrofe"*.

—¡Ay, mamá! —susurró Rosa—. ¿Podrá volver papá del trabajo?

La mamá le dio un fuerte abrazo y le dijo:

—Seguramente todavía no puede salir del trabajo para volver a casa. Debe estar **varado**, pero no te preocupes. Ya dejará de nevar y estoy convencida de que llegará pronto.

La mamá fue a la cocina para preparar el almuerzo. Volvió con su abrigo y una bufanda.

—Nos quedamos sin leche y sin pan, así que tendré que ir a la tienda de María —dijo la mamá.

Predije que el papá llegaría pronto a la casa. Leí que el <u>locutor de la radio había dicho que la tormenta se terminaría. La mamá le dijo a Rosa que estaba convencida de que él llegaría pronto.</u> Seguiré leyendo para comprobar mi predicción.

Tu turno

COLABORA

¿Qué predicción hiciste cuando el Sr. Colón llegó con dos palas de metal? Lee la página 422. ¿Era correcta tu predicción? ¿Tuviste que corregirla?

Tema

El tema de un cuento es el mensaje de su autor. Piensa en qué dicen y hacen los personajes. Esto te ayudará a deducir el tema.

 Busca evidencias en el texto

En "La gran tormenta," el alcalde O'Dwyer les pide a los ciudadanos que se ayuden unos a otros. Creo que es un detalle importante sobre el tema. Seguiré leyendo para buscar más detalles sobre las acciones de los personajes. Entonces podré deducir cuál es el tema del cuento.

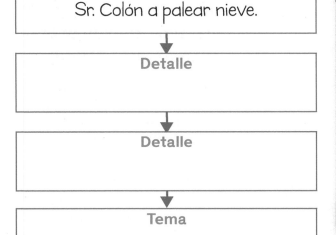

Detalle

El mensaje del alcalde O'Dwyer para todos los ciudadanos es: "Ayúdense unos a otros durante la catástrofe".

↓

Detalle

La familia Hernández ayuda al Sr. Colón a palear nieve.

↓

Detalle

↓

Detalle

↓

Tema

Tu turno COLABORA

Vuelve a leer "La gran tormenta". Busca más detalles importantes y escríbelos en tu organizador gráfico. Luego usa los detalles para deducir cuál es el tema del cuento.

¡Conéctate!
Usa el organizador gráfico interactivo.

Ficción histórica

"La gran tormenta" es un texto de ficción histórica.
La **ficción histórica:**

- Es un relato inventado que ocurre en el pasado.
- Contiene ilustraciones donde se muestra el ambiente y cómo vivía la gente; suelen crear una atmósfera.

Busca evidencias en el texto

Me doy cuenta de que es un texto de ficción histórica porque los personajes y los sucesos son inventados. El cuento está basado en sucesos reales que ocurrieron en Nueva York en 1947.

página 422

Rosa y Eddie sabían que no debían **discutir** con su mamá, pero estaban cansados de estar encerrados.

—¡Por favor, mamá! ¡Llévanos contigo! Podemos ir los tres juntos a la tienda —dijo Eddie.

—Está bien —accedió la mamá y los niños aplaudieron porque se habían salido con la suya—. Pero tenemos que ir bien juntos y no separarnos ni por un minuto.

La mamá ayudó a Rosa y a Eddie a abrigarse con su ropa de lana, que era incómoda pero calentita. Cuando salieron, quedaron **estupefactos**, con la boca abierta, al ver una pared de nieve de varios pies de altura. Por suerte llegó su vecino, el señor Colón, con dos palas de metal.

—¿Quién me quiere dar una mano para palear la nieve? —preguntó.

Se turnaron para ayudar. Era una tarea difícil, pero ninguno **se quejó**. Cuando terminaron, vieron la tienda de María todavía llena de nieve. La señora Sánchez estaba tratando de quitarla con una escobita.

—Señor Colón, ¿sería tan amable de prestarnos sus palas, por favor? —le preguntó Rosa.

La historia y los personajes son inventados, pero los sucesos podrían haber ocurrido en la vida real. Los sucesos que se narran en la ficción histórica ocurrieron hace mucho tiempo.

Las ilustraciones muestran detalles del ambiente y de cómo vivía la gente.

Tu turno

Busca dos detalles del pasado. Comenta por qué "La gran tormenta" es un cuento de ficción histórica.

Modismos

Un modismo es una expresión formada por un grupo de palabras que toman un significado diferente. La frase *llover a cántaros* es un modismo. No significa que alguien esté arrojando agua con unos cántaros para provocar la lluvia. La expresión quiere decir que está lloviendo mucho.

 Busca evidencias en el texto

En la página 423, la frase fue pan comido *es un modismo. Puedo usar claves del cuento como ayuda para deducir que significa "fue muy fácil".*

Despejar el camino al frente de la tienda era una tarea sencilla. Fue <u>pan comido</u> para Rosa y Eddie.

Tu turno

Comenta estos modismos que aparecen en "La gran tormenta".

se habían salido con la suya, *página 422*

con la boca abierta, *página 422*

dar una mano, *página 422*

Escribir acerca del texto

Páginas 420–423

Harrison

Seguí la instrucción: *Escribe una carta de Rosa a su abuela en la que le explique cómo se sintió durante la tormenta de nieve. Usa evidencias del texto.*

Ejemplo del estudiante:
Texto narrativo

Querida abuela:

¡La semana pasada fue muy emocionante, aunque también fue aterradora! Tuvimos que quedarnos adentro dos días completos a causa de la tormenta. Al principio Eddie y yo estábamos muy contentos porque faltamos a la escuela pero luego nos sentimos enjaulados adentro de la

Comienzo interesante
En la primera oración incluyo una exclamación para llamar la atención de los lectores.

Palabras de enlace
Usé la palabra *pero* para conectar y contrastar las ideas.

casa. Tuvimos que palear la nieve

del camino para que mamá pudiera

ir a la tienda. Luego nos divertimos

lanzando pesadas bolas de nieve.

¡Pasamos un gran día!

    Con amor,

    Rosa

Detalles de apoyo
Incluí detalles y descripciones del texto.

Gramática

Este es un ejemplo de **adjetivo calificativo**.

Manual de gramática página 492

Tu turno

Escribe una carta de la mamá a una amiga contándole lo que hicieron cuando salieron durante la tormenta de nieve.

¡Conéctate!
Escribe tu respuesta en línea.
Usa tu lista de comprobación de edición.

Stacey Schuett

Pregunta esencial

¿Cómo conseguimos lo que anhelamos?

¡Conéctate!

¡ÉXITO!

Kayla tenía una meta. Quería ganar la carrera en las Olimpiadas especiales. Su meta era importante para ella y, por eso, se esforzó mucho. Ahora, Kayla se siente muy orgullosa de sí misma.

▶ Las metas son importantes.

▶ Nos ayudan a enfocarnos y aprender cosas nuevas.

▶ Alcanzar las metas nos hace sentir bien con nosotros mismos.

Coméntalo

Escribe palabras que hayas aprendido sobre las metas. Habla en pareja sobre por qué son importantes las metas.

Metas

Vocabulario

Mira las fotos y lee las oraciones para comentar cada palabra con un compañero o una compañera.

aplomo

La profesora mostró un gran **aplomo** frente a la clase.

¿En qué situaciones se necesita actuar con aplomo?

culto

Para ser **culto** hay que leer mucho.

¿Qué otras cosas puedes hacer para ser una persona culta?

distinguir

En la oscuridad es difícil **distinguir** los colores.

¿Puedes distinguir una moneda verdadera de una falsa?

entereza

Los bomberos actúan con **entereza** en los incendios.

¿Cuándo debes actuar con entereza?

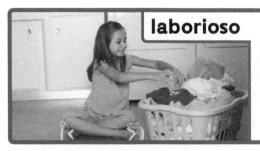

laborioso

Lavar y doblar la ropa es una tarea **laboriosa**.

¿En qué actividad has trabajado de manera laboriosa?

meta

Nick alcanzó su **meta** y aprendió a nadar.

¿Cuáles son tus metas?

motivar

Lina está **motivada** para tocar la guitarra, por eso practica todos los días.

Nombra cosas que te han motivado.

tertulia

Hubo una **tertulia** de escritores el sábado por la tarde.

¿Qué palabra es un sinónimo de tertulia?

COLABORA

Tu turno

Elige tres palabras y escribe tres preguntas para tu compañero o compañera.

¡Conéctate! **Usa el glosario digital ilustrado.**

HACIA EL ESPACIO

Pregunta esencial

¿Cómo conseguimos lo que anhelamos?

Lee cómo un hombre usó su educación y experiencia para alcanzar sus metas.

Cuando era niño, a James A. Lovell Jr. le encantaba construir cohetes y lanzarlos hacia el cielo. Pero sus sueños iban mucho más allá. Al igual que tantos otros niños que crecieron en los años 30, Lovell soñaba con ser piloto. Cuando observaba sus cohetes elevarse, sabía que algún día, si trabajaba con **entereza**, él también lograría emprender el vuelo.

SUEÑOS DE ALTO VUELO

Lovell nació en Cleveland, Ohio, en 1928. Era un hombre muy **culto**. Estudiaba mucho y quería asistir a un colegio especial para estudiar **astronomía** y aprender sobre cohetes. Como no tenía suficiente dinero, debía buscar otra forma de alcanzar su **meta**.

Lovell estaba **motivado** para hallar la forma de volar en cohetes. Durante dos años asistió a un colegio cerca de su casa. Luego se inscribió en la Academia Naval de Estados Unidos para recibir entrenamiento en vuelos. Después de cuatro años, se unió a la Armada de Estados Unidos como piloto naval de pruebas. Su tarea era volar los aviones antes que cualquier otra persona.

James A. Lovell, Jr. se convirtió en astronauta en 1962. Voló en cuatro misiones espaciales.

NASA

DE PILOTO A ASTRONAUTA

Lovell pasó más de la mitad de sus horas de vuelo en aviones a reacción. Les enseñó a otros pilotos a volar. También trabajó como especialista en seguridad de vuelo. Al poco tiempo, la NASA buscaba astronautas. Lovell se postuló para el empleo porque contaba con el **aplomo** necesario y las habilidades para volar al espacio. La NASA lo seleccionó. En 1962, James Lovell había alcanzado su meta de convertirse en astronauta.

GRANDES DESAFÍOS

Lovell voló en tres misiones espaciales, y luego, en abril de 1970, se convirtió en comandante de la misión Apolo 13. Fue uno de los mayores **desafíos** en la vida de Lovell.

La Apolo 13 debía aterrizar en la Luna. Sin embargo, después de dos días de haber despegado, la nave tuvo un problema grave. Uno de los tanques de oxígeno explotó. La tripulación no tenía suficiente energía ni aire para respirar. No podían llegar a la Luna.

Lovell se comunicó con los expertos de la NASA. Al principio, nadie sabía qué hacer. Luego, el equipo en la base llevó a cabo una investigación y una serie de **tertulias** para encontrar una solución. Los astronautas siguieron las indicaciones y construyeron un invento **laborioso** en la nave. Utilizaron bolsas de plástico, cartón y cinta adhesiva. ¡El esfuerzo dio resultados y lograron que el aire en la nave se limpiara! Sin embargo, el otro problema era aún mayor. ¿De qué manera volverían a la Tierra?

El equipo de la NASA trabaja para resolver el problema de la Apolo 13.

UN TRABAJO BIEN HECHO

El equipo de la NASA decidió que los astronautas usaran el módulo **lunar** como bote salvavidas. James y los otros dos astronautas subieron a la nave más pequeña y cerraron firmemente la escotilla. Desde la ventana podían **distinguir** cómo se alejaban de la nave principal.

El viaje de regreso fue peligroso y aterrador. Durante casi cuatro días, viajaron en una cápsula estrecha. Tenían frío, sed y hambre. Con millones de personas mirando por televisión, el módulo cayó a la Tierra.

La tripulación de la Apolo 13 aterrizó a salvo el 17 de abril de 1970.

Años más tarde, James Lovell dijo que la Apolo 13 le había enseñado lo importante que era trabajar en equipo. Su recuerdo favorito era cuando la cápsula aterrizó en el océano Pacífico y el buzo golpeó la ventana para que supieran que estaban a salvo.

UN SUEÑO HECHO REALIDAD

¿HAS SOÑADO CON IR AL ESPACIO? ¡MIRA EL CAMPAMENTO ESPACIAL!

Los campamentos espaciales existen desde hace más de 30 años. Hacen que las ciencias, las matemáticas y la tecnología sean divertidas, de modo que los niños deseen aprender más. Como programas de entrenamiento de la NASA, estos campamentos enseñan la importancia del trabajo en equipo y del liderazgo.

¿? Haz conexiones

¿Cómo ayudaron a James las metas que tenía cuando era niño? PREGUNTA ESENCIAL

¿Qué meta tienes y cómo puedes lograrla? EL TEXTO Y TÚ

Volver a leer

Piensa en el texto mientras lees. ¿Hay nuevos datos e ideas? ¿Tienen sentido? Vuelve a leer el texto para asegurarte de que hayas comprendido.

Busca evidencias en el texto

¿Comprendiste todo lo que hizo James A. Lovell, Jr. para convertirse en piloto? Vuelve a leer "Sueños de alto vuelo" en la página 435.

página 435

un colegio especial para estudiar **astronomía** y aprender sobre cohetes. Como no tenía suficiente dinero, debía buscar otra forma de alcanzar su **meta**.

Lovell estaba **motivado** para hallar la forma de volar en cohetes. Durante dos años asistió a un colegio cerca de su casa. Luego se inscribió en la Academia Naval de Estados Unidos para recibir entrenamiento en vuelos. Después de cuatro años, se unió a la Armada de Estados Unidos como piloto naval de pruebas. Su tarea era volar los aviones antes que cualquier otra persona.

Leo que James Lovell fue a la universidad y luego a la Academia Naval de Estados Unidos. Se inscribió para un entrenamiento de vuelo y se convirtió en piloto naval de pruebas. James Lovell se convirtió en piloto estudiando mucho en la escuela. Nunca se rindió.

Tu turno

COLABORA

¿Cómo ayudó James Lovell a traer la nave espacial Apolo 13 de regreso a casa? Vuelve a leer las páginas 436 y 437.

NASA

Problema y solución

Algunos textos informativos describen un problema, indican los pasos a seguir y dan la solución. Las palabras clave, como problema, solución, resolver y como resultado indican que hay un problema y muestran cómo resolverlo.

 Busca evidencias en el texto

James quería volar cohetes pero no tenía suficiente dinero para ir a una universidad especial. Ese era su problema. ¿Qué pasos siguió para resolver el problema? ¿Cuál fue la solución?

Problema

James quería volar cohetes pero no tenía suficiente dinero para ir a una universidad especial.

↓

James fue a la universidad cerca de su casa.

↓

Se convirtió en piloto de pruebas.

↓

↓

Solución

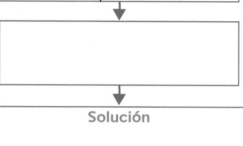

Tu turno

Vuelve a leer "Grandes desafíos". ¿Cuál fue el problema de James Lovell en Apolo 13? Busca los pasos que siguió para resolverlo y escríbelos en el organizador gráfico. Luego, escribe la solución.

¡Conéctate!
Usa el organizador gráfico interactivo.

Biografía

"Hacia el espacio" es una **biografía** porque:

- Cuenta la historia de la vida de una persona real.
- Está escrita por otra persona.
- Incluye características, fotografías y pies de fotos.

Busca evidencias en el texto

Puedo decir que "Hacia el espacio" es una biografía. Es la historia de la vida de James Lovell. Tiene fotografías con pies de fotos y palabras clave que son importantes para la biografía.

página 436

DE PILOTO A ASTRONAUTA

Lovell pasó más de la mitad de sus horas de vuelo en aviones a reacción. Les enseñó a otros pilotos a volar. También trabajó como especialista en seguridad de vuelo. Al poco tiempo, la NASA buscaba astronautas. Lovell se postuló para el empleo porque contaba con el **aplomo** necesario y las habilidades para volar al espacio. La NASA lo seleccionó. En 1962, James Lovell había alcanzado su meta de convertirse en astronauta.

GRANDES DESAFÍOS

Lovell voló en tres misiones espaciales, y luego, en abril de 1970, se convirtió en comandante de la misión Apolo 13. Fue uno de los mayores **desafíos** en la vida de Lovell.

La Apolo 13 debía aterrizar en la Luna. Sin embargo, después de dos días de haber despegado, la nave tuvo un problema grave. Uno de los tanques de oxígeno explotó. La tripulación no tenía suficiente energía ni aire para respirar. No podían llegar a la Luna.

Lovell se comunicó con los expertos de la NASA. Al principio, nadie sabía qué hacer. Luego, el equipo en la base llevó a cabo una investigación y una serie de **tertulias** para encontrar una solución. Los astronautas siguieron las indicaciones y construyeron un invento **laborioso** en la nave. Utilizaron bolsas de plástico, cartón y cinta adhesiva. ¡El esfuerzo dio resultados y lograron que el aire en la nave se limpiara! Sin embargo, el otro problema era aún mayor. ¿De qué manera volverían a la Tierra?

El equipo de la NASA trabaja para resolver el problema de la Apolo 13.

436

Características

Palabras clave Las palabras clave son palabras importantes. Están en negrilla.

Fotografías Las fotografías y pies de fotos muestran más detalles sobre los sucesos en la vida de la persona.

COLABORA

Tu turno

Busca otra palabra clave. ¿Por qué esta palabra es importante en la biografía de James Lovell?

Raíces latinas y griegas

Muchas palabras contienen raíces griegas o latinas. La raíz griega *astro* significa "estrella", y la raíz latina *nauta* significa "navegante". La raíz latina *labor* significa "trabajo".

Busca evidencias en el texto

En la página 435 veo la palabra astronomía*. Recuerdo que* astro *proviene de una raíz griega que significa "estrella". Pienso que* astronomía *debe estar relacionada con las estrellas. Puede significar "el estudio de las estrellas".*

Estudiaba mucho y pensaba asistir a una universidad especial para estudiar **astronomía** y aprender sobre cohetes.

Tu turno

Usa las raíces griegas o latinas para averiguar el significado de cada palabra.

astronauta, *página 436*

laborioso, *página 436*

NASA

Escribir acerca del texto

Páginas 434–437

Yusuf

Respondí la pregunta: *¿Qué quiere el autor que los lectores aprendan con esta biografía? Usa evidencias del texto en tu respuesta.*

Ejemplo del estudiante:
Texto informativo

Enfoque en el tema
En la primera oración presenté el tema.

> El autor quiere mostrar a los lectores que James Lovell tuvo mucho éxito porque trabajó esforzadamente. Cuando era niño, soñaba con ser piloto. Lovell

Ordenar las ideas
Usé la secuencia para ordenar los sucesos.

> estudió mucho. Luego, se unió a la Armada de los Estados Unidos y se convirtió en piloto de pruebas. Más tarde, se postuló en la NASA como

Gramática

Este es un ejemplo de **adjetivo demostrativo.**

Manual de gramática página 493

astronauta. Hacia 1962, Lovell logró

alcanzar esa meta con éxito ¡Llegó

a ser astronauta!

   El autor de "Hacia el espacio"

describe cómo Lovell continuó

trabajando como astronauta

laboriosamente.

Buen final
La última oración resume la idea principal del texto.

Tu turno

¿Cómo resolvió Lovell los problemas que tuvo durante su vida? Utiliza evidencias del texto en tu respuesta.

¡Conéctate!
Escribe tu respuesta en línea.
Usa tu lista de comprobación de edición.

NASA

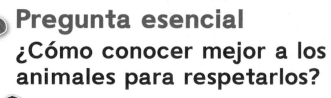

Pregunta esencial

¿Cómo conocer mejor a los animales para respetarlos?

¡Conéctate!

Respeta a los animales

Mi nombre es Max y soy un Búho Real. Mi trabajo aquí en la reserva natural es ayudar a los chicos, como Nora, a aprender todo sobre los búhos. Todos los animales merecen respeto.

Aprender sobre los animales te ayuda a respetarlos.

Cuanto más sabes sobre animales, más cosas puedes hacer para ayudarlos.

Comentar

Escribe palabras que se relacionan con el respeto a los animales. Habla con tu pareja sobre cómo puedes ayudar a proteger a los animales.

Respeta a los animales.

Vocabulario

Mira las fotos y lee las oraciones para comentar cada palabra con un compañero o una compañera.

amenazado

El panda gigante es un animal **amenazado** y necesita protección.

¿Puedes nombrar otro animal amenazado?

desprevenido

La familia estaba **desprevenida** cuando se dieron cuenta de que una jirafa los estaba observando.

¿Cuál es el antónimo de desprevenido?

fabuloso

Maya creía que las mariposas en su camiseta eran **fabulosas**.

¿Qué cosas te parecen fabulosas?

fauna

Las cebras son un tipo de **fauna** que vive en África.

¿Qué tipo de fauna vive cerca de tu hogar?

habitar

El alce **habita** en el bosque y se baña en el lago.

¿Qué animales habitan en el océano?

ilegal

El cartel dice que nadar aquí es **ilegal**, porque la playa está cerrada.

¿Qué palabra significa lo opuesto a ilegal?

requisito

Comer es un **requisito** indispensable.

¿Qué otros requisitos tienen los seres vivos?

respetar

Los jugadores **respetaban** a su entrenador de fútbol porque era inteligente y justo.

¿A quién respetas en tu escuela?

COLABORA

Tu turno

Elige tres palabras y escribe tres preguntas para tu compañero o compañera.

¡Conéctate! Usa el glosario digital ilustrado.

Mariposas y mariposicas

¿? Pregunta esencial

¿Cómo conocer mejor a los animales para respetarlos?

Lee sobre cómo respetando las mariposas podemos ayudarlas a sobrevivir.

A las mariposas monarca les gusta posarse en los mismos árboles cuando migran de un lugar a otro.

Hay más de 725 especies, o tipos, de mariposas revoloteando por Estados Unidos y Canadá. Estas criaturas **fabulosas** saborean las hojas de las plantas con sus patas, y sólo pueden ver los colores rojo, amarillo y verde. La mariposa monarca y la mariposa azul pigmea del oeste comparten estos rasgos, pero, a su vez, son diferentes en muchos sentidos.

Tamaño y color

La mariposa azul pigmea del oeste es la más pequeña del mundo. Sólo mide media pulgada desde la punta de un ala a la otra. Eso quiere decir que es más pequeña que una moneda de diez centavos. Las mariposas monarca son mucho más grandes. Miden poco más de 4 pulgadas de ancho.

El tamaño no es lo único que diferencia a las monarca de las pigmeas. Las monarca son de color naranja claro con marcas negras. Por ese motivo, resulta fácil verlas. Las pigmeas son, en su mayoría, marrones y azules, y se mezclan con el entorno. Muchas personas siguen de largo sin verlas, **desprevenidas** de que las pigmeas están allí.

El diagrama muestra las partes de una mariposa.

Mariposa azul pigmea del oeste

ala
antena
cabeza
abdomen
pata
tórax

(t) Don Farrall/Photographer's Choice RF/Getty Images; (bl) Richard Ellis/Contributor/Getty Images News/Getty Images; (br) Charles Melton/Alamy; (bkgd) Don Hammond/Design Pics

Revoloteando

Casi todas las mariposas migran, o se trasladan a zonas diferentes. El recorrido de la monarca representa la migración más larga de todas las mariposas del mundo. Pasa los veranos en el norte de Estados Unidos y Canadá y al comenzar el otoño, migra hacia México. Muchas viajan más de 3,000 millas.

Las mariposas pigmeas **habitan** los desiertos y pantanos del sudoeste, desde California hasta Texas. Migran distancias cortas hacia el norte, a Oregón, y hacia Arkansas y Nebraska.

Tanto las monarca como las pigmeas, migran cuando el clima se torna frío. Las mariposas son insectos de sangre fría. Tienen calor cuando hace calor y frío cuando hace frío. Por eso, migran en busca de calor. También viajan al norte o al sur por su alimento.

¿Dónde encuentran su alimento?

Las mariposas azules pigmeas beben el néctar de muchos tipos de flores, un líquido dulce y espeso que se encuentra fácilmente. Por lo tanto, su población ha ido creciendo, a diferencia de las mariposas monarca.

Esta mariposa azul pigmea del oeste se detuvo para comer.

La migración de las mariposas

CANADÁ

Grandes Lagos

ESTADOS UNIDOS

Océano Pacífico

MÉXICO

Leyenda del mapa

Ruta de migración de las mariposas monarca

Ruta de migración de las pigmeas del oeste

Al igual que las pigmeas del oeste, las monarca beben el néctar de las flores, pero hay un **requisito** fundamental que deben consumir: el algodoncillo. Deben encontrar esta planta en su ruta. Pero, ¿qué pasa si no hay?

Cuando la gente construye casas y carreteras, hay menos lugares donde pueden hallar algodoncillo. Si no logran encontrar alimento, su población se reducirá. Hoy en día, las mariposas monarca y las pigmeas del oeste no están **amenazadas** o en riesgo de extinción, pero los biólogos están preocupados. Muchas mariposas están amenazadas porque sus hábitats están desapareciendo.

Ayudemos a las mariposas

Al igual que el resto de la **fauna**, la mariposa monarca y la pigmea del oeste necesitan ser **respetadas**. Es necesario preservar los hábitats de las mariposas. Para ayudar, pueden tratar de cambiar las leyes, plantar algodoncillo o intentar que se considere **ilegal** destruir sus hábitats.

Es importante saber lo que necesitan para sobrevivir para poder ayudarlas. Así, las generaciones futuras podrán disfrutar de ellas.

Las mariposas monarca se alimentan de algodoncillo.

¿? Hacer conexiones

¿Cómo podemos aprender a respetar a las mariposas? PREGUNTA ESENCIAL

Habla sobre las mariposas que hayas visto. ¿En qué se parecen y en qué se diferencian?
EL TEXTO Y TÚ

Volver a leer

Haz una pausa y reflexiona sobre el texto a medida que vas leyendo. ¿Hay datos e ideas nuevas? ¿Tienen sentido? Vuelve a leer para asegurarte de que lo entiendes.

Busca evidencias en el texto

¿Comprendes las diferencias entre la mariposa monarca y la mariposa azul pigmea del oeste? Vuelve a leer "Tamaño y color", en la página 449.

---

página 449

Hay más de 725 especies, o tipos, de mariposas revoloteando por Estados Unidos y Canadá. Estas criaturas **fabulosas** saborean las hojas de las plantas con sus patas, y sólo pueden ver los colores rojo, amarillo y verde. La mariposa monarca y la mariposa azul pigmea del oeste comparten estos rasgos, pero, a su vez, son diferentes en muchos sentidos.

Tamaño y color

La mariposa azul pigmea del oeste es la más pequeña del mundo. Sólo mide media pulgada desde la punta de un ala a la otra. Eso quiere decir que es más pequeña que una moneda de diez centavos. Las mariposas monarca son mucho más grandes. Miden poco más de 4 pulgadas de ancho.

El tamaño no es lo único que diferencia a las monarca de las pigmeas. Las monarca son de color naranja claro con marcas negras. Por ese motivo, resulta fácil verlas. Las pigmeas son, en su mayoría, marrones y azules, y se mezclan con el entorno. Muchas personas siguen de largo sin verlas, **desprevenidas** de que las pigmeas están allí.

Leí que las pigmeas del oeste son más pequeñas que una moneda de diez centavos, y la mayoría son marrones y azules. La mariposa monarca mide unas 4 pulgadas de ancho, y es naranja y negra. Ahora comprendo las diferencias entre estas dos mariposas.

Tu turno

COLABORA

¿En qué se parecen las mariposas monarca y las pigmeas del oeste? Vuelve a leer "Revoloteando", en la página 450, para averiguarlo.

Comparar y contrastar

Al comparar, los autores muestran las similitudes entre dos cosas. Al contrastar, muestran las diferencias entre ellas. Los autores usan palabras clave, como *ambos, parecerse, mismo/a* o *diferente* para comparar y contrastar.

 Busca evidencias en el texto

¿En qué se parecen y en qué se diferencian las mariposas monarca y las pigmeas del oeste? Volveré a leer "Mariposas y maripositas" y buscaré palabras clave.

Mariposas monarca
Coloridas y grandes

Ambas
Saborean las hojas con sus patas.

Pigmeas del oeste
Se mezclan con el entorno. Son muy pequeñas.

Tu turno

COLABORA

Vuelve a leer "Mariposas y maripositas". Busca detalles que indiquen las similitudes y las diferencias entre las mariposas monarca y las pigmeas del oeste. Escríbelas en el organizador gráfico. ¿Qué palabras clave te ayudaron?

¡Conéctate!
Usa el organizador gráfico interactivo.

Texto expositivo

"Mariposas y maripositas" es un texto expositivo.

El texto expositivo:

- Brinda información sobre un tema relacionado con la ciencia.
- Tiene títulos que indican de qué trata una sección.
- Contiene diagramas y mapas.

Busca evidencias en el texto

Puedo afirmar que este texto es expositivo. Brinda datos sobre las mariposas monarca y las pigmeas del oeste. Este artículo científico también tiene títulos, un diagrama y un mapa.

página 449

Hay más de 725 especies, o tipos, de mariposas revoloteando por Estados Unidos y Canadá. Estas criaturas **fabulosas** saborean las hojas de las plantas con sus patas, y sólo pueden ver los colores rojo, amarillo y verde. La mariposa monarca y la mariposa azul pigmea del oeste comparten estos rasgos, pero, a su vez, son diferentes en muchos sentidos.

Tamaño y color

La mariposa azul pigmea del oeste es la más pequeña del mundo. Sólo mide media pulgada desde la punta de un ala a la otra. Eso quiere decir

que es más pequeña que una moneda de diez centavos. Las mariposas monarca son mucho más grandes. Miden poco más de 4 pulgadas de ancho.

El tamaño no es lo único que diferencia a las monarca de las pigmeas. Las monarca son de color naranja claro con marcas negras. Por ese motivo, resulta fácil verlas. Las pigmeas son, en su mayoría, marrones y azules, y se mezclan con el entorno. Muchas personas siguen de largo sin verlas, **desprevenidas** de que las pigmeas están allí.

El diagrama muestra las partes de una mariposa.

Mariposa azul pigmea del oeste

ala
antena
cabeza
abdomen
pata
tórax

449

Características del texto

Títulos Los títulos nos informan sobre el tema principal de una sección del texto.

Diagrama Un diagrama es una fotografía con etiquetas.

COLABORA

Tu turno

Observa las características del texto en "Mariposas y maripositas". Comenta lo que has aprendido sobre las mariposas.

Claves de contexto

Las claves de contexto te ayudan a comprender el significado de una palabra que no conoces en la oración. En muchos textos científicos, aparecen en el mismo párrafo donde está la palabra que no conocemos.

Busca evidencias en el texto

En la página 450, no estoy seguro del significado de la palabra migran. *Buscaré claves en el párrafo. Leí que las mariposas "se trasladan a zonas diferentes" y "viajan más de 3,000 millas". También veo la palabra "recorrido". Creo que migrar significa moverse o viajar a distintos lugares.*

Casi todas las mariposas migran, o se trasladan a zonas diferentes. El recorrido de la monarca representa la migración más larga de todas las mariposas del mundo. Pasa los veranos en el norte de Estados Unidos y Canadá y al comenzar el otoño, migra hacia México. Muchas viajan más de 3,000 millas.

Tu turno

COLABORA

Busca claves de contexto en la oración para comprender el significado de:

de sangre fría, *página 450*

néctar, *página 451*

Escribir acerca del texto

Páginas 448–451

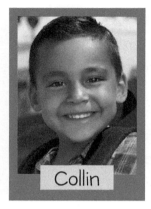

Collin

Seguí la instrucción: *Describe la migración de la mariposa. Usa evidencias del texto.*

Ejemplo del estudiante:
Texto informativo

Idea principal
En mi primera oración explico por qué es importante la migración para las mariposas.

Detalles de apoyo
Incluí evidencias del texto para desarrollar el tema

La mayor parte de las mariposas migra para mantener su calor. Esto sucede porque tienen sangre fría. Cuando migran, las mariposas Monarca recorren mucha más distancia que las otras mariposas. Durante el verano, las Monarca viven en el norte de Estados Unidos y Canadá. Cuando comienza a

hacer frío, van hacia México. Las
mariposas azules pigmeas migran
desde el sudoeste de Estados Unidos
hacia Oregón, Arkansas y Nebraska.
Las mariposas deben desplazarse
surcando estas distancias para
poder sobrevivir.

Gramática

Este es un ejemplo de **preposición.**

Manual de gramática página 495

Buen final
En la última oración resumo por qué es importante la migración para las mariposas.

Tu turno

¿Cómo te ayudan los gráficos como el mapa de la página 450 a comprender mejor el artículo?

¡Conéctate!
Escribe tu respuesta en línea.
Usa tu lista de comprobación de edición.

Pregunta esencial

¿Qué te hace reír?

¡Conéctate!

VAMOS A REÍR

Hay muchas cosas que nos hacen reír: los chistes, las historias graciosas y las fotos tontas. Mira estos cerditos. ¿No son divertidos?

▶ Es importante tener sentido del humor.

▶ Cuando reímos nos sentimos mejor.

▶ Reír te ayuda a compartir los sentimientos con tus amigos.

Coméntalo

Habla en pareja acerca de las cosas que te parecen graciosas. Escribe en el organizador gráfico qué cosas te hacen reír.

Gracioso

459

Vocabulario

Mira las fotos y lee las oraciones para comentar
cada palabra con un compañero o una compañera.

chancleta

Me compré unas **chancletas** de goma
para ir a la playa.

¿Conoces una palabra que signifique lo
mismo que chancleta?

revés

Sin darme cuenta, me puse la camisa
al **revés**.

¿Qué cosas puedes ponerte al revés?

risotada

Nicolás contó un chiste y Pedro soltó
una **risotada**.

¿Qué situaciones pueden causar una
risotada en el salón de clases?

risueño

David y su abuelo juegan al ajedrez
muy **risueños**.

¿Puedes describir cómo se ve una
cara risueña?

Términos de poesía

poema narrativo

Mi **poema narrativo** favorito cuenta el viaje de Paul Revere.

¿Qué historia contarías en un poema narrativo?

rima

Las palabras *cuna* y *luna* **riman** porque terminan con los mismos sonidos.

¿Qué otra palabra rima con *cuna* y *luna*?

ritmo

El poema de Ben tiene un **ritmo** parecido al de un tambor.

¿Por qué los poetas incorporan ritmo en su poesía?

estrofa

Cada **estrofa** del poema de Magali tiene cinco versos.

Escribe un poema con dos estrofas.

Tu turno

Elige tres palabras y escribe tres preguntas para tu compañero o compañera.

¡Conéctate! *Usa el glosario digital ilustrado.*

Pregunta esencial

¿Qué te hace reír?

Lee estos poemas con
situaciones muy divertidas.

El chicle viajero

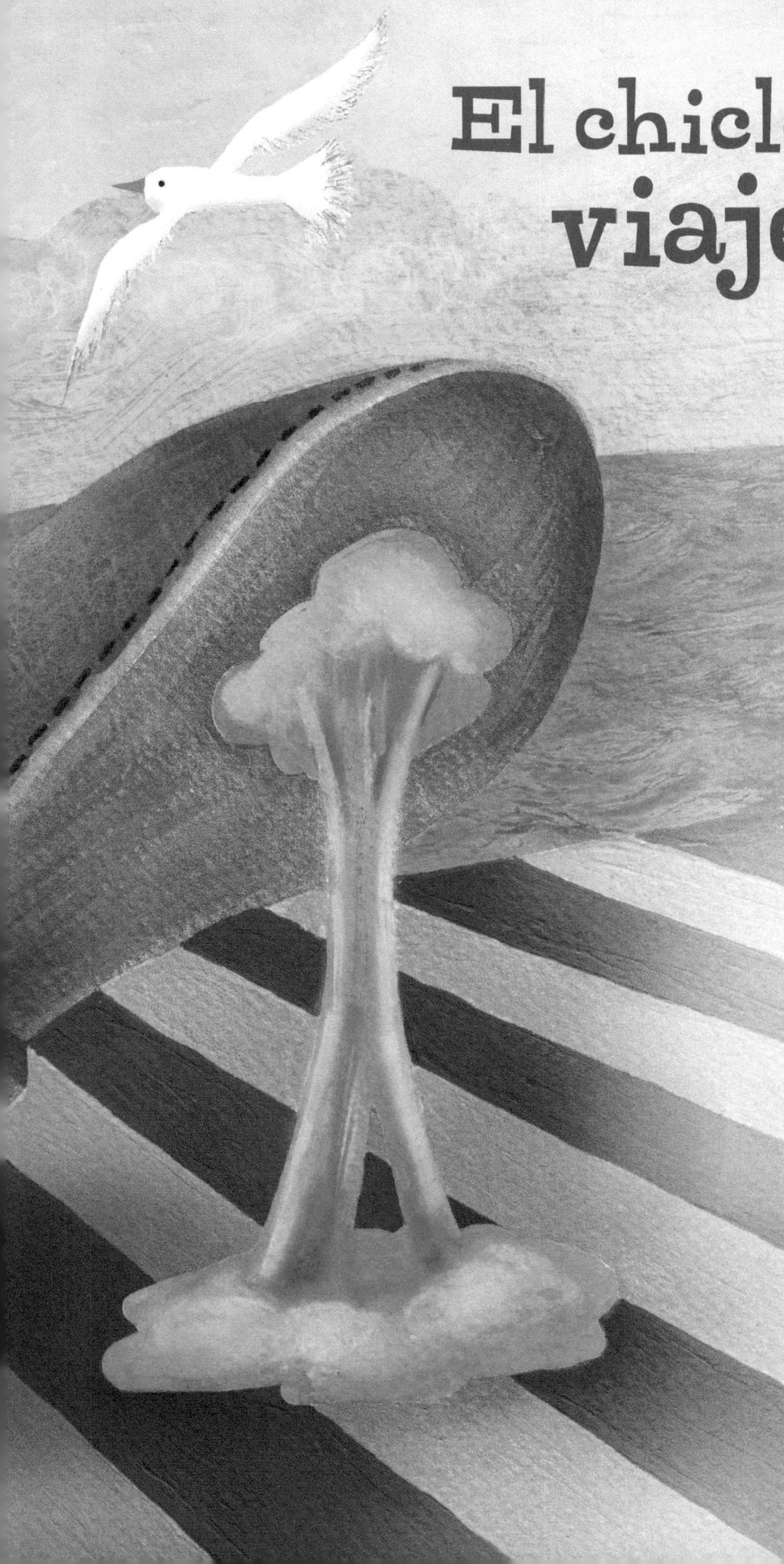

Bien pegado
a un tacón
muy elegante,
me he colado
en el salón
de un restaurante.

Una bota
me ha llevado
a ver el puerto,
donde daban
las gaviotas
un concierto.

Las **chancletas**
de un viajero
distraído
me llevaron
de crucero
por el río.

¡Qué bonito
ir por la calle
polvorienta,
sin saber
si soy de fresa
o soy de menta!

Pedro Mañas

463

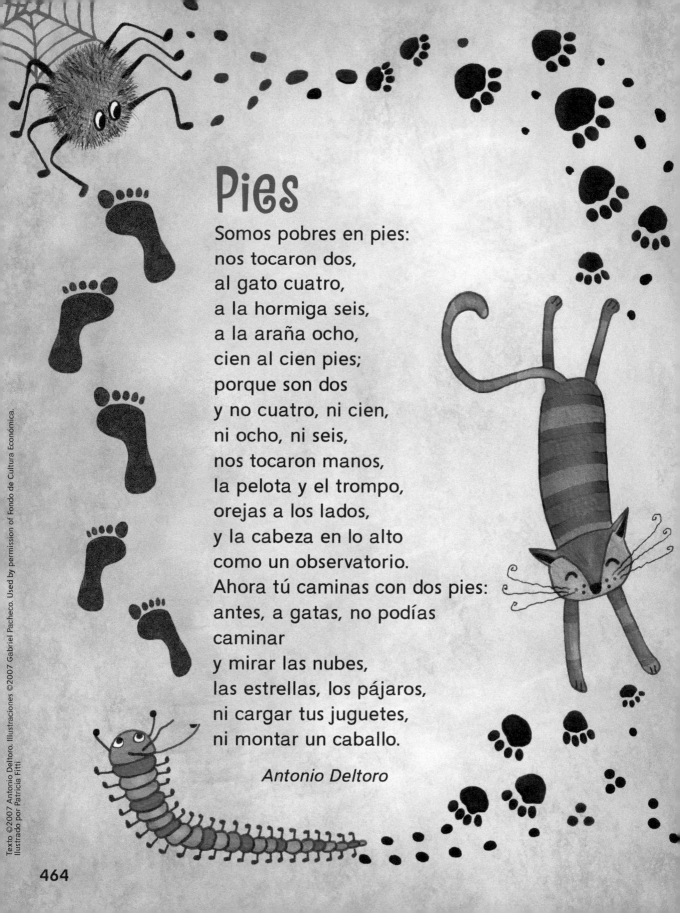

Pies

Somos pobres en pies:
nos tocaron dos,
al gato cuatro,
a la hormiga seis,
a la araña ocho,
cien al cien pies;
porque son dos
y no cuatro, ni cien,
ni ocho, ni seis,
nos tocaron manos,
la pelota y el trompo,
orejas a los lados,
y la cabeza en lo alto
como un observatorio.
Ahora tú caminas con dos pies:
antes, a gatas, no podías
caminar
y mirar las nubes,
las estrellas, los pájaros,
ni cargar tus juguetes,
ni montar un caballo.

Antonio Deltoro

Texto ©2007 Antonio Deltoro. Illustraciones ©2007 Gabriel Pacheco. Used by permission of Fondo de Cultura Económica.
Ilustrado por Patricia Fitti

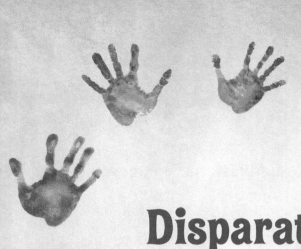

Disparate

Había un inglés
que en un dos por tres
quedaba al **revés**
arriba los pies.

Así caminaba,
comía y hablaba,
reía y cantaba
feliz como un pez.

Decía: ¿No ves
que todo es como es
vuelto del revés?
Le contesté: "Yes".

María de la Luz Uribe

 Haz conexiones

¿Qué poema te hizo reír? Cuenta algo gracioso
de cada poema. PREGUNTA ESENCIAL

¿Qué poema tiene los personajes o los sucesos
más divertidos? ¿Por qué? EL TEXTO Y TÚ

Disparate, de María de la Luz Uribe

Poesía narrativa

La **poesía narrativa**: • Cuenta una historia. • Puede tener distinto número de versos y estrofas.

Una **estrofa**: • Es cada una de las partes en que se divide un poema. • Está formada por un grupo de versos. • A menudo tiene ritmo y rima.

 Busca evidencias en el texto

Creo que "El chicle viajero" es un poema narrativo porque cuenta una pequeña historia. Tiene varias estrofas. Cada estrofa está formada por seis versos. En todas las estrofas hay versos que riman.

página 465

Disparate

Había un inglés
que en un dos por tres
quedaba al **revés**
arriba los pies.

Así caminaba,
comía y hablaba,
reía y cantaba
feliz como un pez.

Decía: ¿No ves
que todo es como es
vuelto del revés?
Le contesté: "Yes".

María de la Luz Uribe

Esta es una estrofa. Está formada por un grupo de versos. Hay tres estrofas en esta página.

 COLABORA

Tu turno

Vuelve a leer "El chicle viajero". Explica por qué es un poema narrativo. Di cuántas estrofas tiene el poema.

Patricia Fitti

Punto de vista

En un poema el narrador expresa sus pensamientos o sentimientos. Ese es el punto de vista del narrador. Busca detalles en los poemas que muestran cuáles son los sentimientos o pensamientos del narrador.

Busca evidencias en el texto

En el poema "Pies" el narrador dice que las personas somos pobres porque tenemos solo dos pies. Pero más adelante da detalles que nos muestran que se siente feliz y afortunado, porque dos pies, manos y orejas le permiten disfrutar de cosas que solo las personas pueden hacer. Este es el punto de vista del narrador.

Detalles
Nos tocaron manos, orejas a los lados y la cabeza en lo alto.

Punto de vista

Tu turno COLABORA

Vuelve a leer "Pies". Busca más detalles sobre lo que siente el narrador y escríbelos en el organizador gráfico. Luego escribe el punto de vista del narrador. Compara tu punto de vista con el del narrador.

¡Conéctate!
Usa el organizador gráfico interactivo.

467

Ritmo y rima

Cuando los poetas escriben poemas, usan ritmo y rima para que sea más interesante escucharlos y más divertido leerlos.

Busca evidencias en el texto

Vuelve a leer "El chicle viajero" en voz alta. Escucha con atención para descubrir qué palabras riman. Sigue el ritmo con palmadas mientras lees el poema. Da una palmada por sílaba.

página 463

El chicle viajero

Bien pegado
a un tacón
muy elegante,
me he colado
en el salón
de un restaurante.

Una bota
me ha llevado
a ver el puerto,
donde daban
las gaviotas
un concierto.

Las **chancletas**
de un viajero
distraído
me llevaron
de crucero
por el río.

Las palabras viajero, en el segundo verso, y crucero, en el quinto verso, riman. Aplaudí para seguir el ritmo. Me gusta el patrón de sonidos que se repiten en el poema.

COLABORA

Tu turno

Vuelve a leer los poemas de esta semana. Encuentra otros ejemplos de ritmo y rima.

Modismos

Un modismo es un grupo de palabras cuyo significado en conjunto no es literal. Por ejemplo, *me estás tomando el pelo,* no significa que alguien está *jalando mi cabello,* sino que *se está burlando de mí.*

 Busca evidencias en el texto

En el poema "Disparate", la frase en un dos por tres es un modismo. Puedo comprender su significado porque me doy cuenta de que esto sucede muy rápidamente. De un momento para otro quedaba con los pies hacia arriba.

Había un inglés
que en un dos por tres
quedaba al revés
arriba los pies.

Tu turno

En pareja, comenta estos modismos:
a gatas, *página 464*
vuelto del revés, *página 465*

469

Escribir acerca del texto

Páginas 462–465

Jen

Seguí la instrucción: *Escribe un poema narrativo sobre algún suceso divertido. Incluye rima o ritmo.*

Ejemplo del estudiante:
Texto narrativo

Un sábado mi prima vino a jugar.

Mientras mi madre limpiaba,

torres de cajas quisimos armar.

Hicimos una fila y vimos

que mi madre iba a la lavandería

con la ropa sucia en una pila.

—Rápido, rápido —me dijo Merce—.

Tras la puerta, a esconderse.

Mamá entró, le gritamos ¡Booo!

Rima
Usé palabras que riman, como *jugar* y *armar*, para que fuera más divertida la lectura.

Diálogo y descripción
Usé diálogo y describí los sucesos para contar la historia.

Mamá dejó caer la ropa

y se tropezó con la mopa.

Mamá parecía muy enojada.

Mi prima estaba muy asustada.

Y ahí mamá largó una carcajada.

Palabras precisas
Usé verbos precisos para ayudar al lector a visualizar la acción.

Gramática

Este es un ejemplo de **adverbio.**

Manual de gramática página 496

Tu turno

Escribe tu propio poema narrativo sobre algún suceso divertido. Incluye rima o ritmo.

¡Conéctate!
Escribe tu respuesta en línea.
Usa tu lista de comprobación de edición.

Contenido

Adjetivos

Preposiciones

Adverbios

Normas del lenguaje

Oraciones

Oraciones

Una **oración** es un grupo de palabras que expresa una idea completa. Empieza con mayúscula.

Ella tiene un pasatiempo interesante.

Una **frase** es un grupo de palabras que no expresa una idea completa.

en algún lugar
una roca grande y gris

Tu turno   Escribe los grupos de palabras que sean una oración.

1. Por esa pila de rocas
2. Tomás clasifica las rocas en cajas.
3. Algunas personas coleccionan rocas.
4. Las rocas pesadas
5. Muchos museos tienen colecciones de rocas.

Tipos de oraciones

Cuando escribes o hablas, usas diferentes tipos de oraciones.

Tipos de oraciones	Ejemplos
Una **oración enunciativa** afirma o niega algo. Termina con punto.	*Puedes sembrar plantas en una jardinera en la ventana.*
Una **oración interrogativa** solicita información. Empieza y termina con signos de interrogación.	*¿Debo regar las plantas cada día?*
Una **oración imperativa** indica a alguien que realice algo. Termina con punto.	*No le pongas mucha agua a las plantas.*
Una **oración exclamativa** muestra un sentimiento fuerte. Empieza y termina con signos de exclamación.	*¡Las ardillas se comieron las semillas!*

Tu turno Escribe las oraciones. Luego escribe si son enunciativas, interrogativas, imperativas o exclamativas.

1. Siembra unos pimientos en el jardín.
2. ¿Dónde podemos encontrar las semillas?
3. Voy a pedir semillas de este catálogo.
4. No siembres las semillas demasiado juntas.
5. ¡Qué hermoso jardín tenemos!

El sujeto en las oraciones

El **sujeto** de una oración es la persona, animal o cosa que realiza la acción del verbo.

Las semillas *viajan de maneras diferentes.*
El viento *transporta las semillas de diente de león.*

Tu turno Subraya el sujeto de cada oración.

1. Algunas plantas tienen semillas con ganchillos.
2. Los ganchillos se cuelgan de la piel de los animales.
3. El animal lleva las semillas a otro lugar.
4. Las aves comen fruta y dejan caer las semillas.
5. Estas semillas crecen y forman una planta.

El predicado en las oraciones

Todas las oraciones tienen un sujeto y un **predicado**.
El predicado es lo que se dice del sujeto.

*Ralph Samuelson **inventó los esquíes acuáticos**.*
*Raúl **tenía dieciocho años**.*

Tu turno Escribe las oraciones. Dibuja una línea debajo del predicado de cada oración.

1. Andrés trabajaba con esquíes de nieve.
2. Los esquíes eran muy angostos.
3. El joven inventor hizo unos esquíes anchos con una tabla.
4. Una lancha veloz jaló a Efraín por el agua.
5. La multitud se emocionó al verlo.

Combinar oraciones

Dos oraciones con ideas similares pueden **combinarse** usando la palabra *y*. Este tipo de oración se llama **oración compuesta**.

*La noche es clara **y** las estrellas brillan.*

Tu turno Escribe una sola oración usando la palabra *y* para unirlas.

1. La Tierra gira. Las estrellas salen y se ponen, como el Sol.
2. El maestro coloca un telescopio. Los estudiantes lo dirigen a las estrellas.
3. Todos miran de cerca. Daniel es el primero que encuentra la Estrella Polar.
4. La Luna se ilumina. Las estrellas brillan.
5. Ana encontró una estrella especial. Pidió un deseo.

Sustantivos

Sustantivos singulares y plurales

El **sustantivo singular** nombra una persona, un animal, una planta, un lugar o una cosa.

| niño | mata | mono | bolsa | sala |

El **sustantivo plural** se forma añadiendo **-s** o **-es** al sustantivo en singular.

| lugar**es** | ave**s** | silla**s** | mont**es** |

Tu turno Escribe las oraciones. Forma el plural del sustantivo que aparece entre paréntesis.

1. Aquellas dos (mujer) son dentistas.
2. Los dentistas cuidan los (diente) de las personas.
3. La niña cantó dos (canción).
4. Al niño le gustan las (lombriz).

Sustantivos comunes y propios

El **sustantivo común** nombra cualquier persona, animal, planta, lugar o cosa.

| palmera | llave | cebra |

El **sustantivo propio** indica el nombre de personas, ciudades, países, montañas, ríos o días feriados. Siempre empieza con letra mayúscula.

| Houston | Bolivia | Europa |

Tu turno Escribe común o propio debajo de cada sustantivo subrayado.

1. El <u>zoológico de Londres</u> tenía un <u>elefante</u> llamado <u>Jumbo</u>.
2. El <u>animal</u> gigante era de <u>África</u>.
3. <u>P. T. Barnum</u> compró la enorme <u>bestia</u>.
4. El <u>hombre</u> llevó el <u>elefante</u> a <u>Estados Unidos</u>.

Sustantivos femeninos y masculinos

El **sustantivo femenino** está precedido por *la, las, una, unas*.
Casi siempre termina en *-a, -as*.

    muchacha   *gatas*

El **sustantivo masculino** está precedido por *el, los, un* o
unos. Casi siempre termina en *-o, -os*.

    muchacho   *gatos*

Tu turno   **Escribe las oraciones. Indica si los sustantivos
subrayados son femeninos o masculinos.**

1. Los <u>árboles</u> crecen en la <u>granja</u> de Juan.
2. Las <u>manzanas</u> de ahí siempre son dulces.
3. La <u>hija</u> de Juan come mucha <u>fruta</u> en esta época.
4. Siempre llegan unos <u>niños</u> y Juan les regala <u>manzanas</u>.

Sustantivos aumentativos y diminutivos

El **sustantivo aumentativo** indica que una persona, planta,
animal, cosa o lugar es grande. Se forma añadiendo *-ote,
-ota*.

    *muchach**ote***   *cas**ota***

El **sustantivo diminutivo** indica que una persona, planta,
animal, cosa o lugar es pequeña. Se forma añadiendo *-ito,
-ita*.

    *muchach**ito***   *cas**ita***

Tu turno   **Escribe el aumentativo y el diminutivo de los
siguientes sustantivos. Luego escribe una oración
con cada uno.**

1. perro
2. plato
3. mesa
4. libro

Artículos

Artículos definidos e indefinidos

El **artículo** se coloca delante del sustantivo para señalar su género y su número. Hay dos clases de artículos: definidos e indefinidos.

Artículo	Definido		Indefinido	
	Masculino	Femenino	Masculino	Femenino
Singular	el	la	un	una
Plural	los	las	unos	unas

Artículo **definido**: indica que el sustantivo es conocido por el receptor del mensaje.

<u>el</u> cuento   <u>la</u> pera   <u>los</u> copos   <u>las</u> letras

Artículo **indefinido**: indica que el sustantivo no es conocido por el receptor del mensaje.

<u>un</u> cuento   <u>una</u> pera   <u>unos</u> copos   <u>unas</u> letras

Tu turno Escribe las oraciones. Subraya los artículos definidos y encierra en un círculo los indefinidos.

1. En casa tengo unos patines rojos.
2. Vimos una película de terror en la televisión.
3. El pequeño llevaba un abrigo muy grueso.
4. Las tías y los primos también fueron a ver su obra de teatro.
5. ¡Por fin encontré una bufanda con flores!

Verbos

Formas verbales

El **verbo** es la palabra que expresa acción. Algunas características del verbo son: tiempo, modo, persona y número. Existen tres **tiempos verbales**: presente, pretérito (o pasado) y futuro.

Verbos regulares

Los **verbos regulares** son los que al conjugarlos conservan la raíz pero la segunda parte cambia siguiendo unas reglas determinadas.

Tu turno **Escribe las oraciones e indica cuáles son verbos regulares.**

1. Hoy cenaré (cenar) con mi familia.
2. La semana pasada fuimos (ir) de campamento.
3. Mi hermano vino (venir) en el automóvil.
4. Caminé (caminar) por el campo y me encantó.
5. Aún experimento (experimentar) un gran bienestar.

Verbos irregulares

Los **verbos irregulares** son los que al conjugarlos cambia la raíz. Algunos de los verbos irregulares más comunes son *contar*, *saber* y *reír*.

Tu turno **Escribe las oraciones e indica cuáles son verbos irregulares.**

1. Pongo (poner) el agua a calentar en la estufa.
2. Prepararé (preparar) un café para mi mamá.
3. Yo riego (regar) el jardín todas las mañanas.
4. No juego (jugar) con el agua porque hay que cuidarla.
5. Si todos la cuidamos (cuidar) nos durará mucho tiempo.

Modo indicativo

Tiempos simples

El **presente** se utiliza cuando la acción coincide con el momento en que se habla.

*Nosotros **hablamos** con nuestros amigos todos los días.*

El **pretérito imperfecto** expresa una acción que ocurrió en el pasado, durante un periodo determinado.

*El maestro **leía** un cuento.*

El **pretérito** indica que la acción ocurrió y terminó en el pasado.

*Yo **comí** arroz con pollo y plátanos fritos.*

El **futuro** indica que la acción será realizada después del momento en que se enuncia.

*Nuestro equipo de natación **competirá** en las Olimpíadas.*

El **condicional** expresa la posibilidad de realizar la acción.

*Si nos mudáramos a otra ciudad, **iríamos** a una nueva escuela.*

Tiempos compuestos

El **pretérito perfecto** indica una acción que se acaba de ejecutar en el momento actual. Se forma con el participio del verbo principal y el presente del verbo haber.

*Ellos **han visitado** todos los países de América Central.*

Tu turno Escribe las oraciones. Indica cuál es el tiempo verbal del verbo subrayado.

1. Mañana <u>iré</u> a la escuela.
2. La semana pasada no <u>fui</u>, pues <u>estuve</u> enfermo.
3. Juan y sus amigos <u>pintan</u> casas en sus días libres.
4. Ellos ya <u>han pintado</u> todas las casas del barrio.
5. Si la casa tuviera dos pisos, Juan se <u>subiría</u> a la escalera.

Verbos irregulares: jugar

Pronombre	Tiempos simples	Tiempos compuestos
	Presente	**Pretérito perfecto**
yo	juego	he jugado
tú	juegas	has jugado
él/ella/usted	juega	ha jugado
nosotros/nosotras	jugamos	hemos jugado
vosotros/vosotras	jugáis	habéis jugado
ellos/ellas/ustedes	juegan	han jugado
Pronombre	**Pretérito imperfecto**	**Pretérito pluscuamperfecto**
yo	jugaba	había jugado
tú	jugabas	habías jugado
él/ella/usted	jugaba	había jugado
nosotros/nosotras	jugábamos	habíamos jugado
vosotros/vosotras	jugabais	habíais jugado
ellos/ellas/ustedes	jugaban	habían jugado
Pronombre	**Pretérito**	**Pretérito anterior**
yo	jugué	hube jugado
tú	jugaste	hubiste jugado
él/ella/usted	jugó	hubo jugado
nosotros/nosotras	jugamos	hubimos jugado
vosotros/vosotras	jugasteis	hubisteis jugado
ellos/ellas/ustedes	jugaron	hubieron jugado
Pronombre	**Futuro**	**Futuro perfecto**
yo	jugaré	habré jugado
tú	jugarás	habrás jugado
él/ella/usted	jugará	habrá jugado
nosotros/nosotras	jugaremos	habremos jugado
vosotros/vosotras	jugaréis	habréis jugado
ellos/ellas/ustedes	jugarán	habrán jugado
Pronombre	**Condicional**	**Condicional compuesto**
yo	jugaría	habría jugado
tú	jugarías	habrías jugado
él/ella/usted	jugaría	habría jugado
nosotros/nosotras	jugaríamos	habríamos jugado
vosotros/vosotras	jugaríais	habríais jugado
ellos/ellas/ustedes	jugarían	habrían jugado

Verbos irregulares: tener

Pronombre	Tiempos simples	Tiempos compuestos
	Presente	**Pretérito perfecto**
yo	tengo	he tenido
tú	tienes	has tenido
él/ella/usted	tiene	ha tenido
nosotros/nosotras	tenemos	hemos tenido
vosotros/vosotras	tenéis	habéis tenido
ellos/ellas/ustedes	tienen	han tenido
Pronombre	**Pretérito imperfecto**	**Pretérito pluscuamperfecto**
yo	tenía	había tenido
tú	tenías	habías tenido
él/ella/usted	tenía	había tenido
nosotros/nosotras	teníamos	habíamos tenido
vosotros/vosotras	teníais	habíais tenido
ellos/ellas/ustedes	tenían	habían tenido
Pronombre	**Pretérito**	**Pretérito anterior**
yo	tuve	hube tenido
tú	tuviste	hubiste tenido
él/ella/usted	tuvo	hubo tenido
nosotros/nosotras	tuvimos	hubimos tenido
vosotros/vosotras	tuvisteis	hubisteis tenido
ellos/ellas/ustedes	tuvieron	hubieron tenido
Pronombre	**Futuro**	**Futuro perfecto**
yo	tendré	habré tenido
tú	tendrás	habrás tenido
él/ella/usted	tendrá	habrá tenido
nosotros/nosotras	tendremos	habremos tenido
vosotros/vosotras	tendréis	habréis tenido
ellos/ellas/ustedes	tendrán	habrán tenido
Pronombre	**Condicional**	**Condicional compuesto**
yo	tendría	habría tenido
tú	tendrías	habrías tenido
él/ella/usted	tendría	habría tenido
nosotros/nosotras	tendríamos	habríamos tenido
vosotros/vosotras	tendríais	habríais tenido
ellos/ellas/ustedes	tendrían	habrían tenido

Verbos irregulares: saber

Pronombre	Tiempos simples	Tiempos compuestos
	Presente	**Pretérito perfecto**
yo	sé	he sabido
tú	sabes	has sabido
él/ella/usted	sabe	ha sabido
nosotros/nosotras	sabemos	hemos sabido
vosotros/vosotras	sabéis	habéis sabido
ellos/ellas/ustedes	saben	han sabido
Pronombre	**Pretérito imperfecto**	**Pretérito pluscuamperfecto**
yo	sabía	había sabido
tú	sabías	habías sabido
él/ella/usted	sabía	había sabido
nosotros/nosotras	sabíamos	habíamos sabido
vosotros/vosotras	sabíais	habíais sabido
ellos/ellas/ustedes	sabían	habían sabido
Pronombre	**Pretérito**	**Pretérito anterior**
yo	supe	hube sabido
tú	supiste	hubiste sabido
él/ella/usted	supo	hubo sabido
nosotros/nosotras	supimos	hubimos sabido
vosotros/vosotras	supisteis	hubisteis sabido
ellos/ellas/ustedes	supieron	hubieron sabido
Pronombre	**Futuro**	**Futuro perfecto**
yo	sabré	habré sabido
tú	sabrás	habrás sabido
él/ella/usted	sabrá	habrá sabido
nosotros/nosotras	sabremos	habremos sabido
vosotros/vosotras	sabréis	habréis sabido
ellos/ellas/ustedes	sabrán	habrán sabido
Pronombre	**Condicional**	**Condicional compuesto**
yo	sabría	habría sabido
tú	sabrías	habrías sabido
él/ella/usted	sabría	habría sabido
nosotros/nosotras	sabríamos	habríamos sabido
vosotros/vosotras	sabríais	habríais sabido
ellos/ellas/ustedes	sabrían	habrían sabido

Verbos irregulares: ir

Pronombre	Tiempos simples	Tiempos compuestos
	Presente	**Pretérito perfecto**
yo	voy	he ido
tú	vas	has ido
él/ella/usted	va	ha ido
nosotros/nosotras	vamos	hemos ido
vosotros/vosotras	vais	habéis ido
ellos/ellas/ustedes	van	han ido
Pronombre	**Pretérito imperfecto**	**Pretérito pluscuamperfecto**
yo	iba	había ido
tú	ibas	habías ido
él/ella/usted	iba	había ido
nosotros/nosotras	íbamos	habíamos ido
vosotros/vosotras	ibais	habíais ido
ellos/ellas/ustedes	iban	habían ido
Pronombre	**Pretérito**	**Pretérito anterior**
yo	fui	hube ido
tú	fuiste	hubiste ido
él/ella/usted	fue	hubo ido
nosotros/nosotras	fuimos	hubimos ido
vosotros/vosotras	fuisteis	hubisteis ido
ellos/ellas	fueron	hubieron ido
Pronombre	**Futuro**	**Futuro perfecto**
yo	iré	habré ido
tú	irás	habrás ido
él/ella/usted	irá	habrá ido
nosotros/nosotras	iremos	habremos ido
vosotros/vosotras	iréis	habréis ido
ellos/ellas/ustedes	irán	habrán ido
Pronombre	**Condicional**	**Condicional compuesto**
yo	iría	habría ido
tú	irías	habrías ido
él/ella/usted	iría	habría ido
nosotros/nosotras	iríamos	habríamos ido
vosotros/vosotras	iríais	habríais ido
ellos/ellas/ustedes	irían	habrían ido

Verbos copulativos

Los **verbos copulativos** funcionan como enlace entre el sujeto y el atributo. Los principales verbos copulativos son *ser, estar y parecer*.

Verbo copulativo *ser*

Pronombre	Presente	Pretérito imperfecto
yo	soy	era
tú	eres	eras
él/ella/usted	es	era
nosotros/nosotras	somos	éramos
vosotros/vosotras	sois	erais
ellos/ellas/ustedes	son	eran
Pronombre	**Pretérito**	**Futuro**
yo	fui	seré
tú	fuiste	serás
él/ella/usted	fue	será
nosotros/nosotras	fuimos	seremos
vosotros/vosotras	fuisteis	seréis
ellos/ellas/ustedes	fueron	serán

Verbo copulativo *estar*

Pronombre	Presente	Pretérito imperfecto
yo	estoy	estaba
tú	estás	estabas
él/ella/usted	está	estaba
nosotros/nosotras	estamos	estábamos
vosotros/vosotras	estáis	estabais
ellos/ellas/ustedes	están	estaban
Pronombre	**Pretérito**	**Futuro**
yo	estuve	estaré
tú	estuviste	estarás
él/ella/usted	estuvo	estará
nosotros/nosotras	estuvimos	estaremos
vosotros/vosotras	estuvisteis	estaréis
ellos/ellas/ustedes	estuvieron	estarán

Verbos auxiliares

Los **verbos auxiliares** acompañan al verbo principal para poder formar tiempos compuestos.

Verbo auxiliar haber

Pronombre	Tiempos simples	Tiempos compuestos
	Presente	**Pretérito perfecto**
yo	he	hube
tú	has	hubiste
él/ella/usted	ha	hubo
nosotros/nosotras	hemos	hubimos
vosotros/vosotras	habéis	hubisteis
ellos/ellas/ustedes	han	hubieron
Pronombre	**Pretérito imperfecto**	**Futuro**
yo	había	habré
tú	habías	habrás
él/ella/usted	había	habrá
nosotros/nosotras	habíamos	habremos
vosotros/vosotras	habíais	habréis
ellos/ellas/ustedes	habían	habrán
Pronombre	**Condicional**	
yo	habría	
tú	habrías	
él/ella/usted	habría	
nosotros/nosotras	habríamos	
vosotros/vosotras	habríais	
ellos/ellas/ustedes	habrían	

Tu turno Conjuga los siguientes verbos en presente. Luego escribe una oración con cada uno de ellos.

1. actuar
2. amar
3. partir
4. poder
5. sonreír

Pronombres

Pronombre personal

El **pronombre personal** sustituye los nombres de las personas. En gramática se distinguen tres personas: primera persona, que es la que habla; segunda persona, que es la que escucha; y tercera persona, que es la que ni habla ni escucha.

Formas personales	Singular	Plural
Primera persona	yo	nosotros
Segunda persona	tú, usted	vosotros, ustedes
Tercera persona	él, ella	ellos, ellas

Cuando el pronombre actúa como sujeto, concuerda con el verbo en género y número.

Ella va a la escuela.   ***Nosotros** somos amigos.*

La siguiente tabla muestra las formas del pronombre personal que no pueden ser sujeto de una oración.

Formas personales	Singular	Plural
Primera persona	me, mí (conmigo)	nos
Segunda persona	te, ti (contigo)	os, se
Tercera persona	se, sí (consigo), lo, la, le,	los, las, les, se

Tu turno **Reemplaza los sustantivos sujeto y objeto con los pronombres correctos.**

1. María llama a su mamá.

2. Su mamá dijo a Mario que no iría por él ese día.

3. El primo de María es muy travieso.

4. Su hermana pequeña y su primo se divierten.

5. María ya no quiere estar ahí.

Pronombre posesivo

El **pronombre posesivo** sustituye al sustantivo y sirve para expresar a quién pertenece algo. Tanto el pronombre posesivo como el adjetivo posesivo concuerdan en género y número con la cosa poseída y con el artículo.

Cosa poseída	Poseedor		
	Primera persona	Segunda persona	Tercera persona
el, la	mío, mía nuestro, nuestra	tuyo, tuya vuestro, vuestra	suyo, suya suyo, suya
los, las	míos, mías nuestros, nuestras	tuyos, tuyas vuestros, vuestras	suyos, suyas suyos, suyas

Tu turno **Reemplaza el pronombre personal entre paréntesis por el pronombre posesivo correspondiente.**

1. La casa es (yo).
2. Los chocolates son (de ella).
3. El cuaderno gris es el (tú).

Pronombre indefinido

El **pronombre indefinido** no identifica quién o qué cosa hace la acción. Puede también designar un número indeterminado de objetos.

Muchos llegaron tarde.
Varias fueron a la fiesta.

Tu turno **Identifica el pronombre indefinido.**

1. Después, varios llegamos a la ciudad.
2. Hubo muchas que se divirtieron en este lugar.
3. Hay algunos que aún quieren venir.

Pronombre demostrativo

El **pronombre demostrativo** sustituye al sustantivo y sirve para señalar si la persona, animal, planta, lugar o cosa está cerca o lejos de la persona o cosa de quien se habla. Los pronombres demostrativos nunca acompañan al sustantivo, ya que lo sustituyen.

Aquel es el carro de papá.

Singular	Plural
este esta esto	estos estas
ese esa eso	esos esas
aquel aquella aquello	aquellos aquellas

Tu turno **Subraya el pronombre demostrativo e indica si está cerca o lejos del sujeto.**

1. Si tu bolígrafo no pinta, prueba con este.
2. No tomes esas escaleras, mejor toma aquellas.
3. Esta es la plaza que quería que conocieras.
4. Deja esos dibujos, el trabajo te quedará mejor con estos.
5. Esos son los detalles que te mencioné ayer.

Pronombre numeral

El **pronombre numeral** sustituye al sustantivo y sirve para señalar la cantidad de personas, plantas, animales, cosas o lugares de que se habla.

*Compré **cuatro.***
*Saqué **una.***

Tu turno **Identifica el pronombre numeral de las palabras subrayadas.**

1. Mi hermana encontró <u>tres</u> y Francisco, <u>cuatro</u>.
2. <u>Una</u> está correcta.
3. Hacen falta <u>seis</u> para terminar.

Concordancia entre el pronombre y el verbo

El verbo debe concordar en número y persona con el pronombre.

Él tiene muchos juguetes.

Ellos salen a pasear.

Tu turno   **Escribe las oraciones utilizando el pronombre correcto.**

1. Ellas sabe que no llegará a tiempo.
2. Pero ustedes pensamos que se equivoca.
3. Ella siempre han ganado todas las competencias.

Conjunción

La **conjunción** es una palabra (o palabras) que sirve de **unión** o enlace entre palabras y oraciones. Las siguientes son conjunciones: *y/e, ni, o/u, pero* y *sino.*

*Papá salió **pero** regresará pronto.*

*Marta cocina **y** José lava los platos.*

Tu turno   **Une las siguientes oraciones usando la conjunción correcta y eliminando lo que esté repetido.**

1. Mario estudia piano. Intenta tocar una pieza difícil.
2. Laura no puede ir. Laura no quiere ir.
3. David sabe francés. David sabe portugués.
4. Puedo ir al cine. Puedo quedarme en casa.
5. Iré al cine. Ya vi la película.

Adjetivos

Adjetivos

El **adjetivo** expresa las cualidades de las personas, las cosas y los lugares. Sirve para describir el sustantivo. El adjetivo nos da información acerca del tamaño, el color, el peso, la forma, etc., de las cosas. El adjetivo debe concordar con el sustantivo en número y género.

*marrón   marron**es**   baja   baja**s***

En general, los adjetivos femeninos terminan en *-a* y los adjetivos masculinos terminan en *-o*.

*pequeñ**o**   pequeñ**a**   estudios**os**   estudios**as***

Existen adjetivos que no varían su forma en masculino y femenino.

amable   gran   inteligente   caliente   total

Los adjetivos pueden ser calificativos, demostrativos, posesivos y numerales.

Adjetivo calificativo

El **adjetivo calificativo** indica cómo es el sustantivo.
Nos da información acerca del tamaño, el color, el peso, la forma, etc.

*Papá está **contento**.*
*Las flores son **hermosas**.*

Tu turno Pon un adjetivo calificativo a los siguientes sustantivos. Luego escribe una oración con cada grupo de palabras.

1. casa
2. perro
3. flores
4. libros

Adjetivo demostrativo

El **adjetivo demostrativo** sirve para señalar si el sustantivo está cerca o lejos de la persona que habla.

*José y yo fuimos a **ese** restaurante.*

Referencia	Singular	Plural
cerca	este, esta, esto	estos, estas
ni cerca ni lejos	ese, esa, eso	esos, esas
lejos	aquel, aquella, aquello	aquellos, aquellas

Los **adjetivos demostrativos** *este, esta, estos* y *estas* señalan algo que está cerca de la persona que habla; *ese, esa, esos* y *esas* señalan algo que no está ni cerca ni lejos; y *aquel, aquella, aquellos* y *aquellas*, lo que está lejos de quien habla.

Tu turno Subraya el adjetivo demostrativo e indica la distancia del sujeto.

1. Todos vimos ese obstáculo.
2. En aquel lugar todos sabían sobre lo ocurrido.
3. En esta historia todos participamos.
4. Todas sabían que aquella trampa no funcionaría.
5. Este examen será el más difícil de todos.

Adjetivo posesivo

El **adjetivo posesivo** indica a quién pertenece algo.
El adjetivo posesivo debe concordar en género y número
con la cosa poseída.

> *Este es **mi** oso de peluche.*
> *¿Tienes **tus** juguetes?*

Cosa poseída	Poseedor		
	Primera persona	Segunda persona	Tercera persona
una	mío, mía, mi nuestro, nuestra	tuyo, tuya, tu suyo, suya	suyo, suya, su suyo, suya
más de una	míos, mías nuestros nuestras	tuyos, tuyas, tu suyos, suyas, sus	suyos, suyas, sus

Tu turno Escribe en la línea el adjetivo posesivo que
corresponda al pronombre entre paréntesis.

1. _____ (yo) coche es el más veloz.
2. Conocí a _____ (tú) hermana en la escuela.
3. Le ayudé a cargar _____ (ella) libros. Eran muchos.

Adjetivo numeral

El **adjetivo numeral** indica cantidad u orden. Si un adjetivo
numeral indica la cantidad exacta de las cosas, se denomina
numeral cardinal. Si indica el orden de la cosas, se denomina
numeral ordinal.

> *Compramos **dos** libros. (numeral cardinal)*
> *Silvia es la **segunda** estudiante en la fila. (numeral ordinal)*

Tu turno Escribe si el adjetivo numeral es cardinal
u ordinal.

1. Vimos <u>dos</u> películas el domingo.
2. Estábamos en la <u>tercera</u> fila.
3. La <u>segunda</u> película fue muy divertida.

Preposiciones

Preposiciones

Es una palabra que sirve para unir dos expresiones cuando la segunda depende de la primera. Ejemplos de preposiciones: *en, a, desde, con, sobre, por, de.*

*Yo vivo **en** mi casa.*

*Nosotros vamos **a** la escuela.*

*Ella corrió **desde** el mar hasta la montaña.*

*El helado se come **con** cuchara.*

*He dejado la linterna **sobre** la mesa.*

*Siempre llueve **por** la noche.*

*Esa niña es **de** Guatemala.*

Adverbios

Adverbio de modo

El **adverbio de modo** indica cómo se realiza la acción.
Muchos adverbios de modo terminan en **-mente**.
La siguiente lista corresponde a adverbios de modo:
bien, mal, apenas, rápidamente, despacio, lentamente.

> *Paula corre* **velozmente**.
> *La mamá de Héctor cocina* **bien**.

Tu turno Subraya el adverbio de modo en las
oraciones siguientes.

1. El señor se siente mal.
2. Me dijo tímidamente si quería ir con él al cine.
3. La señora cocina despacio.
4. Ella dice que así se cocina el pescado.
5. Sin embargo, todos comen apenas.

Adverbio de tiempo

El **adverbio de tiempo** indica cuándo se realiza la acción.
La siguiente lista corresponde a adverbios de tiempo:
ahora, después, antes, temprano, mañana, ayer.

> *Llegamos* **temprano**.
> *Lo haré* **después**.

Tu turno Subraya el adverbio de tiempo en las oraciones
siguientes.

1. Mañana temprano rendiremos un examen.
2. Ahora debemos estudiar mucho.
3. Luego podremos jugar en las vacaciones.
4. Después regresaremos a la escuela.
5. Entonces tendremos que estudiar otra vez.

Adverbio de lugar

El **adverbio de lugar** indica dónde ocurre la acción: *aquí, allí, acá, cerca, lejos, arriba, abajo.*

*Todos fuimos al cine que queda **cerca**.*
*La carta está **allá**.*

Tu turno Subraya el adverbio de lugar en las oraciones siguientes.

1. Allá no conocemos a nadie.
2. Por lo menos aquí ya tengo muchos amigos.
3. Ahí está el disco del que te hablé.
4. Puedes dejarlo arriba de la mesa.
5. El gato está debajo del sillón.

Adverbio de cantidad

El **adverbio de cantidad** es aquel que expresa cantidad: demasiado, mucho, más, poquísimo, apenas.

*Ellos comen **demasiado**.*
*Jorge comió **muchísimo**.*

Tu turno Subraya el adverbio de cantidad en las oraciones siguientes.

1. David estudia bastante.
2. Laura trabaja demasiado en cada proyecto.
3. Laura pregunta mucho, por eso siempre sale bien.
4. Jorge usó poco de lo que compró.
5. Ellas siempre cuidan mucho su escritura.

Normas del lenguaje

Abreviaturas

Las **abreviaturas** permiten poner mucha información en poco espacio y facilitan escribir con rapidez.

a.m.	antes del meridiano
p.m.	pasado el meridiano
cm	centímetro
m	metro
min.	minuto
h	hora
Dr.	doctor
Dra.	doctora
Sr.	señor
Sra.	señora
Srta.	señorita
N	norte
S	sur
E	este
O	oeste
n.°	número
s.	siglo
etc.	etcétera
1°, 2°, 3°	primero, segundo, tercero

Abreviaturas

Para escribir cartas dentro de Estados Unidos se usan las **abreviaturas** del correo estadounidense. Estas son las abreviaturas de los nombres de algunos de los estados.

Abreviatura	Estado	Abreviatura	Estado
CA	California	NM	Nuevo México
HI	Hawái	NY	Nueva York
FL	Florida	PR	Puerto Rico
IL	Illinois	TX	Texas

Tu turno **Escribe las frases usando las abreviaturas correspondientes.**

1. 3 centímetros
2. señor y señora Martínez
3. Vivimos en Orlando, Florida.
4. las seis de la mañana

Siglas

Las **siglas** son las letras iniciales de cada una de las palabras del nombre de una entidad u organización.

OEA	*(Organización de Estados Americanos)*
OMS	*(Organización Mundial de la Salud)*
UE	*(Unión Europea)*

Tu turno **Escribe las siglas de las siguientes organizaciones.**

1. Organización de las Naciones Unidas
2. Organización de Aviación Civil Internacional
3. Organización Internacional del Trabajo
4. Comunidad Sudamericana de Naciones

Mayúsculas

Se escribe con **mayúscula**:
El comienzo de una oración.
> *Reciclar en casa es tarea de todos.*

La primera palabra de un título.
> *Los tres cochinitos*

Los nombres de días feriados y los nombres propios.
> *El Día de Acción de Gracias nos reuniremos en casa con Pablo y Martina.*

Las **mayúsculas** se acentúan.
> *MAYÚSCULAS EN UNA ORACIÓN*

Tu turno **Escribe las oraciones usando las mayúsculas correctamente.**

1. iremos de vacaciones a francia.
2. A luis no le gustan las arañas.
3. algunas personas les temen a las víboras.

Minúsculas

Se escribe con **minúscula**:
Los nombres de los días de la semana, los meses y las estaciones del año.
> *martes*   *diciembre*   *otoño*

Los gentilicios que indican nacionalidad o procedencia.
> *colombiano*   *asiático*   *limeña*

Los nombres de los idiomas.
> *español*   *inglés*   *chino*

Los puntos cardinales.
> *norte*   *sur*   *este*   *oeste*

Tu turno **Revisa el uso de la minúscula en las oraciones siguientes.**

1. El Miércoles iremos al cine.
2. Mi amigo es Chino.
3. Llegó a la escuela en Septiembre.

Puntuación

Los **signos de interrogación** marcan el principio y el final de una oración interrogativa. Una oración interrogativa es la que expresa una pregunta.

¿Quieres un helado?

Los **signos de exclamación** (o de admiración) marcan el principio y el final de una oración exclamativa. Una oración exclamativa es la que expresa emociones como sorpresa, deseo, temor, alegría, etc.

¡Qué árbol tan alto!

Tu turno Corrige la puntuación de las oraciones siguientes.

1. El señor Rojas es mi vecino.
2. crees que debemos ir a la fiesta
3. Qué calor hace aquí
4. Todos debemos estudiar mucho.
5. Cuánto tiempo hace que vives aquí

Puntuación en cartas y correos electrónicos

Los **dos puntos** se usan para iniciar el saludo de una carta o correo electrónico.

Querida Nadia:

La **coma** se usa en el saludo final de una carta o correo electrónico.

Muchos saludos,
Juan

La coma

Se escribe una **coma**:

Para separar los nombres de una ciudad y un estado.

San Antonio, Texas   San Francisco, California
Cali, Colombia

Para separar dos o más elementos en una enumeración.

Vamos a comer pollo, ensalada, papas y helado.

Para indicar una pausa en la lectura y para separar distintas frases dentro de una oración.

Mi abuelita, la madre de mi padre, vive en Madrid.

Después de las palabras *sí* y *no* cuando no forman parte de la oración que les sigue.

¿Sabes qué hora es?
Sí, son las cinco.
No, no se qué hora es.

Tu turno **Coloca las comas donde corresponda.**

1. Vivimos en San José California.
2. En el zoológico había leones cebras elefantes etc.
3. Sí iremos al cine mañana.
4. No no creo que pueda venir.
5. Compramos naranjas peras fresas y manzanas.

Las comillas

Indican el pensamiento de una persona.

"¿Quién tocará la puerta?", pensó Roberto.

Indican el título de un cuento, un poema, una canción, un artículo de revista o de un periódico y un capítulo de un libro dentro de un texto.

Mi hermana está leyendo "La bella durmiente".
Mi padre recortó el artículo de periódico "Temporada favorable para pescadores".

Tu turno **Coloca comillas donde corresponda.**

1. Me olvidé de apagar las luces, recordó mi mamá.
2. ¿Conoces la canción La cucaracha?
3. Estoy seguro de la respuesta, pensó Matías.
4. Leí un artículo llamado Cómo aprender sin estudiar
5. La canción Noche de paz es mi favorita en Navidad.

La raya

La **raya** (o guión de diálogo) se usa para señalar un diálogo.

—No puedo salir esta tarde —dijo Patricia.
—¿Por qué? —preguntó Alicia.
—Porque tengo que hacer la tarea —respondió Patricia.
—Bueno, entonces salimos mañana —dijo Alicia.

Tu turno **Agrega la raya de diálogo donde corresponda.**

1. ¿Crees que el examen fue difícil? preguntó mi papá.
2. El resultado será bueno opinó María.
3. Creo que no vendrá dijo Laura.
4. No creo que lleguen muy tarde respondió Pedro.
5. El perro mordió al niño dijo la maestra al director.

El guión

El **guión** se usa para señalar la división silábica de una palabra. También se usa para dividir una palabra al final de una línea.

ma-ri-po-sas
Los koalas se alimentan con hojas de euca-
lipto.

Tu turno **Divide las siguientes palabras en sílabas.**

1. alimentación
2. conocimientos
3. electrónico
4. puntuación
5. lagartija